栋梁

梁思成

单霁翔—著

中国大百科全书出版社

图书在版编目（CIP）数据

栋梁梁思成/ 单霁翔著 . —北京：中国大百科全书出版社，2022.10

ISBN 978-7-5202-1218-2

Ⅰ.①栋… Ⅱ.①单… Ⅲ．①梁思成（1901-1972）—生平事迹②梁思成（1901-1972）—建筑学—思想评论 Ⅳ.①K826.16②TU-092.7

中国版本图书馆CIP数据核字（2022）第178387号

出 版 人：刘祚臣
策 划 人：蒋丽君
责任编辑：王 宇
责任印制：魏 婷
封面设计：魏 魏
排　　版：杰瑞排版

出版发行：中国大百科全书出版社
地　　址：北京阜成门北大街 17 号　　**邮政编码**：100037
电　　话：010-88390636
印　　制：小森印刷（北京）有限公司
开　　本：710 毫米 × 1000 毫米 1/16
印　　张：15.5
字　　数：190 千字
版　　次：2022 年 10 月第 1 版
印　　次：2022 年 10 月第 1 次印刷
书　　号：ISBN 978-7-5202-1218-2
定　　价：88.00 元

目 录

壹

序章

他的一生能做出如此重要的贡献，
与他的家学渊源和坚实的国内外基础教育分不开。
他用短暂却又坚定的生命轨迹，
构建起鲜明的学术思想和独特的创作道路。

2021年是梁思成先生诞辰120周年。

2021年8月23日，“栋梁——梁思成诞辰一百二十周年文献展”开幕式在清华大学艺术博物馆举行。几十年来，在梁思成先生诞辰85周年、100周年、110周年之际，清华大学都曾举办过纪念梁思成先生的展览。但是相比过去在清华大学建筑学院内部举办展览，这次由清华大学、中国建筑学会、中国城市规划学会、中国风景园林学会、中国文物学会联合主办，清华大学建筑学院、清华大学艺术博物馆、清华大学档案馆承办的展览是第一次走进了博物馆。展览通过全面的文献呈现、多角度的深入刻画，对梁思成先生一生的学术贡献进行了一次前所未有的全面回顾。

这次展览的特点是展品数量多、内容全面，一共展出了368组展品，其中超过90%的文献资料是珍贵的原件，包括梁思成先生的照片、手稿、图纸、模型、书籍、信件、影像以及空间装置等各类展品，真实地反映了梁思成先生富有开创性而艰辛的一生。主办方希望通过此次展览，纪念这位著名建筑学家、建筑教育家，中国建筑学科的开拓者和奠基者，建筑历史、文化遗产保护、城市规划、风景园林等学科的重要先驱，同时对这位在中国建筑史上曾经书写不朽篇章的“栋梁”，进行更加细致的系统化介绍，加深人们对先生的敬意。

展览首次全面回顾了梁思成先生在建筑史研究、城市规划、建筑设计、古建筑保护、建筑教育等领域的思想遗产，吸引了无数人的目光。其中特别令人难忘的展品，是梁思成先生保留至今的文稿，包括大学时西方建筑史的作业及野外调查手稿。这些手绘图稿，图幅或大或小，都是一笔一画描绘出的精品，工整、准确、详细，呈现出扎扎实实、一丝不苟的态度。这次展览纪念的不仅是那份曾经逝去的精致和优雅，更是那种永驻人间的光荣和骄傲。展览中的文献更是可以让人们研读梁思成先生的学术思想，由此感受中国建筑学先驱昔日的勇气和激情，看到一个真实、可敬的梁思成先生。

父亲的言传身教

梁思成先生祖籍广东新会，1901 年 4 月 20 日出生在日本东京。这一年，是他的父亲梁启超先生在“戊戌变法”失败后为躲避清政府迫害而东渡日本的第 3 年。1906 年他在日本横滨大同学校读幼稚园，1907 年全家从日本横滨迁居到神户郊区的须磨海滨，他在神户同文学校初小读书。直至 1912 年，他随父亲梁启超、母亲李蕙仙回到祖国。1912 ~ 1915 年，他在北京汇文学校（今北京汇文中学）和崇德学校高小读书。

梁启超先生是中国近代思想家、教育家、史学家、文学家，也是中国近代史上的风云人物之一。他的一生都处于东西方文化冲突的旋涡之中。起初梁启超极力主张效法西学，但是通过对欧美的实地考察，比较分析后，他的思想产生了变化，逐渐认识到西方的科学并非万能。他找到了西方文化的弱点，于是提出“西方的物质，中国的精神”的思想，认为应该用东方文化去补西方文化之不足，特别是中国文化应该对世界文明做出贡献。

当年，梁启超夫妇在日本奈良游览时，买了一片大佛殿的瓦，在瓦上写上了梁思成的名字，祈佛保佑他们的长子平安成长。但是梁启超先生不会想到，这一片瓦片似乎冥冥之中昭示了梁思成先生日后与古建筑结下的不解之缘。奈良与京都的古建筑，也成为梁思成先生日后研究中国古建筑时重要的参考资料。更没有人想到在 1945 年，梁思成先生冒着巨大的风险向美军建议不要轰炸京都和奈良这两座历史名城，因为它们不仅属于日本，更是属于全人类的文化遗产。

在青少年时代，梁思成先生接受了良好的家庭教育。父亲梁启超先生是一位百科全书式的学者，深谙因材施教之道，对子女严格要求的同时，也与他们保持朋友般的平等与亲近；既为他们的前途尽力做出周全安排，也会尊重每一个子女的兴趣和理想。特别是梁启超先生在坚强奋斗与潜心钻研的学术精神之外，始终保持乐观的生活态度，这些对于子孙后代的成长产生了深刻的影响，造就了他们坚韧的民族性格和深沉的文化心理，并在不同的领域对国家和民族做出重要贡献。

在给儿女们的信中，梁启超先生曾经写道：“我所做的事，常常失败——严格地可以说没有一件不失败——然而我总是一面失败一面做；因为我不是在成功里头感觉趣味，就在失败里头也感觉趣味。”“爹爹虽然是挚爱你们，却从不肯姑息溺爱，常常盼望你们在苦困危险中把人格能磨炼出来。”他经常给孩子们讲古代民族英雄的故事，这些故事深深地印在他们幼小的心灵里。孩子们心灵受其陶冶最突出的，“一日好学不倦，二曰赤子之心”。在父亲的言传身教之下，梁思成先生也承继了这一精神。

梁启超先生“不仅要求孩子有坚强的奋斗精神，还要他们乐观、风趣、富有人情味”。他的孩子们都得到了这种真传，每个人都有一部艰辛的奋斗史，但是他们从不悲观，个个都是胜利者，除早丧的子女以外，个个都成为国家的栋梁之材。例如三子梁思永是著名考古学家，三女梁思庄是著名图书馆学专家，五子梁思达是经济学家，五女梁思懿是社会活动家，六女梁思宁是早年参加新四军的离休干部，八子梁思礼是著名火箭控制系统专家。梁思成先生更是国际著名的建筑学家。这些均与梁启超先生的教育培养有很大关系。

梁启超与梁思顺（右一）、梁思成（左一）、梁思永（右二）

为了避免子女们接受了西方文化而丢了国学，梁启超先生每到假期都要为子女讲学，先讲《国学源流》，后讲《孟子》《墨子》《前清一代学术》等。从师承到传道授业，这样的教育环境与成长方式，对梁思成先生的成长影响深远。他回忆说：“父亲的观点很明确，而且信心极强，似乎觉得全世界都应当同意他的观点。”清华学校 8 年教育和梁启超先生的影响，使他成为一个炽热的爱国主义者，对祖国、对民族文化的热爱胜过了一切。他说：“我非常感谢父亲对我在国学研习方面的督促和培养，这为我后来研究建筑史打下了基础。”

求学清华学校

1915 ～ 1923 年，梁思成先生在清华学校（今清华大学）学习和生活了 8 年。在校期间，他不但学习成绩优异，而且爱好广泛、多才多艺，注重各方面全面发展。陈植先生在《缅怀思成兄》一文中提到，梁思成先生在大学时代已经显示出多方面的才能。他酷爱音乐，是校合唱团的成员，在课余孜孜不倦地学奏多门乐器，虽然相当艰苦，但他引以为乐。1918 年清华学校成立军乐队，梁思成任队长。他吹第一小号，也擅长短笛。这些经历弥足珍贵，因为建筑是无声的音乐，两者气息相通，有主调，有韵律，有节奏，有起伏。

1915 年，梁思成初入清华学校

梁思成先生尽管身材瘦小，却是运动场上的佼佼者。他精于乒乓球单双打，喜爱足球，在清华学校运动会上获得过跳高第一名。他说：“想当年如果没有一个好身体，怎么搞野外调查？在学校中单双杠和爬绳的训练，使我后来在测绘古建筑时，爬梁上柱攀登自如。”北京清华学校的学习生活，对梁思成先生形成乐观开朗的性格、不断进取的精神、坚定的自信心、学术上的严谨作风、广泛的兴趣与爱好，均起到了决定性的作用。

1920年，梁思成先生在父亲的指导下，与他人合作翻译英国H.G.韦尔斯著的《世界史纲》，后经梁启超先生等校订后，于1927年在商务印书馆出版。当然，梁思成先生此时表现最突出的是其绘画才能，他善于钢笔画，构思简洁，用笔或劲练或潇洒，有很高的素描和水彩画功底。他曾于1922～1923年担任清华学校校刊《清华人》的美术编辑，创作了大量封面、栏头画和插图，构思新颖，技巧不俗。他在音乐方面的修养、绘

清华学校歌咏队成员合影（前排左二：周培源；中：梁思成；右三：陈植）

清华学校美术社成员合影（右六：梁思成；右三：童寯）

画方面的基础，也是促使他在 1923 年清华学校毕业之前选择建筑学作为专业的原因之一。

梁思成先生还是一个关心时事的活跃分子，同学们称他是“有政治头脑的艺术家”。早在 1919 年的五四运动中，他就是清华学校的学生领袖之一，也是当时进步学生社团“爱国十人团”和“义勇军”的中坚分子。一天，他和同学们进城宣传，被军警拘禁于北京大学法科大院内。他们坚持斗争，声明“政府不派人来谢罪，誓不出法科大院一步”。后来军阀政府不得不派参议员来当众道歉，学生们则在军乐队的护送下凯旋回校。

1923 年 5 月，梁思成先生与弟弟梁思永骑摩托车去天安门，参加北

1923 年 5 月，梁思成被汽车撞伤，左腿股骨复合性骨折

京学生举行的“国耻日”集会。不料，途中他被北洋政府陆军次长金永炎的汽车撞伤，导致左腿股骨复合性骨折。他前后做了三次手术，被迫休学一年，从此左腿比右腿短了约 1 厘米，留下残疾，给他此后的野外古建筑考察带来极大的不便。在伤后疗养的一年中，梁思成先生在父亲教导下，潜心研读，《论语》《左传》《孟子》《战国策》《荀子》等国学经典，这对他以后研究中国古建筑大有裨益。

结缘建筑学

在疗伤期间，梁思成与林徽因的感情日益增进。梁思成先生后来谈道:“当我第一次去拜访林徽因时，她刚从英国回来，在交谈中，她谈到以后要学建筑，我当时连建筑是什么还不知道，徽因告诉我，那是包括艺术和工程技术为一体的一门学科。因为我喜爱绘画，所以我也选择了建筑这个专业。”也正是从林徽因先生口中得知欧洲和美国的大学有建筑系的课程，坚定了梁思成先生学习建筑学的决心。一路走来，林徽因先生对他的学术研究和事业发展有着重要的帮助和影响。

1924 年 4 月，印度著名诗人、诺贝尔文学奖获得者泰戈尔，应梁启超先生的讲习社邀请来华进行讲学活动，林徽因先生一直陪同，梁思成先生参加了接待，得以结识胡适、徐志摩、陈西滢、张欣海、丁西林等多位国内文化学者。这些丰富的经历，使梁思成先生日后成为拥有世界眼光，精通多项技能，努力报效国家的学者。同时，这些经历也深刻地影响了他的学校教育理念。

1924年4月，泰戈尔访问北京时与梁思成、林徽因合影

1924年6月，梁思成先生赴美国宾夕法尼亚大学建筑系学习，系统接受西方的古典主义建筑教育。由于当时该校建筑系不收女生，同行的林徽因先生只得进入美术系学习，但是她选修了建筑系的课程，为日后成为中国最早的女建筑师打下了基础。实际上，当时中国国内尚未把建筑学视作艺术，青年梁思成甚至都不清楚建筑学科的未来发展，只因热爱绘画而选择了这门专业，并远渡重洋求学，由此与建筑学结下了不解之缘。

20世纪20年代，整个美国建筑界在建筑设计方面还受折中主义潮流的影响，一切建筑外形的设计必须采用一种古代的建筑形式，不得有太大变动，所谓设计也就是在平面上重新划分。当时宾夕法尼亚大学建筑系以巴黎美术学院建筑系为蓝本，要求学生必须准确掌握并熟练运用古典建筑的比例、装饰与构图技法。梁思成先生对这种功能与形式脱节、外形只能死板地去模仿古代建筑外形的学习方法产生了怀疑。但是，他在就学期间，还是全力以赴，好学不倦，在建筑设计方面成绩斐然。

由于受过严格的学院派建筑教育，梁思成先生对于“建筑是技术与艺术之结合”的观念理解深刻。他的设计构图简洁，朴实无华，并尝试将建筑与雕塑相结合，通过巨型浮雕为大幅墙面增添风韵。同时他的渲染，水墨清澈，偶用水彩，色泽淡雅，明净脱俗。除建筑设计外，他对建筑史及古典装饰饶有兴趣，课余常在图书馆翻资料、做笔记、临插图，在掩卷之余，发思古之幽情。宾夕法尼亚大学博物馆与建筑系近在咫尺，那里藏有大量中国古代文物，其中最令他感叹的是唐太宗陵墓的“昭陵六骏”中的二骏，竟然被倒卖而存于异邦的博物馆中。

1927 年 2 月，梁思成先生获得宾夕法尼亚大学建筑系学士学位。同年 6 月获得建筑系硕士学位。他经常接到来自大洋彼岸的家书，在每一封长长的家书里，梁启超先生都详细提出这一阶段对他学术研究方面的建议。在校学习期间，他曾任建筑学助教，还曾担任英美市政建筑荣誉学会会员、美国费城市政设计技术委员，并获得彭省大学建筑设计金质奖章、南北美洲市政建筑设计联合展览会特等奖章。1927 年 9 月，梁思成先生在美国哈佛大学研究生院艺术史专业读研究生。在此期间，他还曾短暂担任过保罗·克瑞特事务所副设计师。

1927 年，梁思成、林徽因在美国宾西法尼亚大学

1928 年 3 月 31 日，梁思成与林徽因先生在加拿大渥太华结婚后，同赴欧洲各国参观考察，在欧洲古典建筑中度过蜜

月。1928 年 8 月，梁思成与林徽因先生回到北平（今北京）。9 月，梁思成先生来到位于沈阳的东北大学担任建筑系主任，开始了他的职业生涯。

1928 年春，新婚的梁思成与林徽因在加拿大

学术报国

梁思成先生一生的学术实践活动有两个高峰期。第一个时期是 20 世纪三四十年代。特别是任职中国营造学社时期，他投身古代建筑调查与研究，主要学术目标是寻找古代建筑实物证据，从而系统梳理中国古代建筑风格及建筑技术的演变过程，在此基础上，总结中国建筑历史发展的

1931 年，梁思成、林徽因加入中国营造学社

基本线索和规律，初步完成对中国建筑史的整理和研究。第二个时期是中华人民共和国成立前后至 1955 年。梁思成先生倾力于战后重建事业，创办清华大学建筑系以培养人才，投身古都北京规划建设，致力于文化遗产保护。

1931 年 6 月，梁思成先生带着“中国建筑史一定要由中国人来写”的志向，与林徽因先生一起来到北京，加入了中国营造学社，开始系统进行古建筑调查和研究工作。梁思成先生出身名门，从在国内外求学，到在高等院校教学，一直生活在十分优裕的环境中。林徽因先生的父亲是中国近代著名的外交家，她本人又是我国当时极少的女留学生。在中国社会急剧变化的历史时期，他们本来可以选择优裕、安定的生活，但是却出于对祖国传统建筑的热爱，为了重振东方建筑文化在世界的地位，选择研究中国古代建筑作为一生的追求。在当时的情况下，这无疑是一项极其艰苦困难的事业。

莫宗江先生曾回忆过当年野外调查的艰苦经历。在雁北地区，他们拿着比实物价格高十几倍的钱，求老乡给做一顿饭而没有实现，因为那里穷得连一粒粮食都没有，再多的钱也买不到粮食。农民只有堆在屋角的一点土豆，那是他们全家的口粮，给别人吃了自己就得挨饿。莫宗江先生最感动的是梁思成和林徽因先生的奋斗精神："梁公总是身先士卒，吃苦耐劳，什么地方有危险，他总是自己先上去。这种勇敢精神已经感人至深，更可贵的是林先生，看上去是那么弱不禁风的女子，但是爬梁上柱，凡是男子能上去的地方，她就准能上得去。"

长年调查和测量古建筑，必然要经历很多风险。调查应县木塔时，塔刹从地面上看不大，实际上很高。梁思成先生要拍摄刹顶，当时也没有广

1931 年，梁思成、林徽因在天坛祈年殿屋顶

应县佛宫寺释迦塔（梁思成 1933 年摄）

角镜，只能人尽量往后退，退到最后，他说，差一点“一失足成千古恨”，才拍到了塔刹。在邢台测量天宁寺塔，这种塔爬上去很难。梁思成先生说，在清华念书的时候，体育老师马约翰要求很严，每一位学生必须用手用脚爬杆爬绳，这个后来对他很有帮助，使他练出测绘古建筑的本事来。在洛阳龙门石窟，他们没有被野草丛生、蝙蝠乱飞的环境所吓倒，面对北魏至北宋尤其是盛唐时代留下的伟大艺术杰作，兴奋不已。在古阳洞中，梁思成先生几乎跪地临摹。在奉先寺卢舍那大佛前，他感到这座雕塑同西方古代任何伟大的雕塑相比都毫不逊色。

1937 年 7 月 7 日，卢沟桥事变爆发，日本发动的侵华战争蔓延至华北，中华民族全面抗日战争开始。就在当天，梁思成先生一行有了古建筑调查以来最重大的收获：在五台山豆村的深山之中，发现了唐代佛光寺东大殿。为了获得确实建造年代信息，他们只能借着檐下空隙攀爬进天花板

1937 年，梁思成在佛光寺大殿内测绘拍照

1937 年，林徽因测量佛光寺塔幢

以上的空阁。上面积存的尘土有几寸厚，踩上去像棉花一样。用手电探视，发现檩条已被蝙蝠盘踞。蝙蝠千百成群地挤在上面，无法驱除。照相的时候，蝙蝠见光惊飞，秽气难耐，而木材中又有千千万万的臭虫，工作至苦。他们早晚攀登工作，或爬入顶内，与蝙蝠、臭虫为伍，或爬到殿中构架上，俯仰细量，生怕探索不周到。

梁思成先生开展古建筑调查的年代，整个中华民族都处于日本帝国主义侵略的威胁之下。因此他竭尽全力，与时间赛跑，希望找到更多藏在深山、田野中的古建筑，进行测绘存档，避免它们彻底毁于战火。林徽因先生是他学术和生活上的亲密伴侣，绝大多数古建筑的田野调查都是由他们共同完成。在古建筑测绘时，她与梁思成先生一起徒手攀缘，爬上爬下，丝毫不含糊；而在对艺术的判断上，她总能提出全新的思路，提供大量有价值的意见。这一时期，梁思成先生的论文和调查报告，也大多经过林徽因先生的加工润色，两个人的优势互补，实现了一系列高水平的学术研究成果。

1942 年，在四川李庄，梁思成先生开始编写《中国建筑史》。当时他仅 40 多岁，但是身体一直虚弱，多病缠身，弱不禁风。除了患有脊椎骨硬化症外，又患了颈椎灰质化症。他在胸部配了一个钢架，是用钢条敲打而成，类似人的肋骨的框子，外面缠以纱布，套在胸间。四川天气炎热，一般人都受不了，更何况他还要伏案作图，其难受程度可想而知。那时候他还在拔牙，需要拔掉全部牙齿。当时医疗条件不好，再加上他身体很虚弱，每拔几颗牙就要睡一两天。尽管身体很差，但是一种爱国热忱与民族自豪感激励着他一直坚持工作。

费正清先生在《写给梁思成和林徽因》一文中写道："在我们历来结识的人士中，他们是最具有深厚的双重文化修养的。因为他们不仅受过正统

20 世纪 40 年代，梁思成在四川李庄中国营造学社工作室

的中国古典文化的教育，而且在欧洲和美国进行过深入的学习和广泛的旅行。这使他们得以在学贯中西的基础上形成自己的审美兴趣和标准。”在抗日战争最艰苦的岁月里，尽管有多所国外学术机构邀请梁思成先生前去工作，同时承诺为林徽因先生治病，但是他坚持留在国内，与祖国共患难，从来没有想过离开。他坚定地说：“我的祖国正在灾难中，我不能离开她！假使我必须死在刺刀或炸弹下，我要死在祖国的土地上。”

后来梁思成先生跟家人讲：“我当然知道这个决定付出的代价，我不能不感谢徽因。她以伟大的自我牺牲来支持我。不，我认为她不只是在支持我，这也是她的选择。”林徽因先生是一位多才多艺的女建筑师，感情充沛，才思敏捷，一直与梁思成先生并肩奋斗，共同奉献。她最重要的建树是在中国建筑史研究方面的成就。她有着女性的细腻，更重视彩绘、装饰这些元素。她一生中不断地对中国建筑艺术中的传统工艺进行研究。1955 年 4 月 1 日，林徽因先生病逝于同仁医院，走了一条忧国忧民、报效国家的典型中国知识分子的人生道路。

1933 年 9 月，林徽因在山西大同云冈石窟考察

20 世纪 50 年代初期，梁思成先生工作热情高涨，一片赤诚、废寝忘食地为新中国的北京城市建设身体力行，贡献智慧。这一时期他投入很多精力参与北京城市规划与建设，积极建言献策，提出极其宝贵的独特意见。特别是主持新中国首都北京的城市规划方案的编制，对于他说来是一个进行规划实践的极好机会，可以充分表明他对北京城市规划的态度与立场。梁思成先生希望提出一个妥善的方案，既解决首都城市规划建设问题，又解决北京历史名城保护问题，建构一个古都保护与未来发展的理想范式，这就是著名的“梁陈方案”。

虽然“梁陈方案”未能获得实施，但是站在北京城市发展的大视野中观察，就会更加深刻地理解这一方案对于北京古都保护和未来平衡发展的远见卓识。尽管“梁陈方案”还有一些需要修改和完善的内容，但是其提出的北京古都保护的设想，是富有远见的，有利于解决新旧之间的矛盾，保护古城的传统格局和风貌，形成合理的城市结构，不失为一条保护与发展双赢的有效途径。特别是梁思成先生针对城市性质，提出北京应是政治中心、文化中心，要重视环境保护、防止工业污染，要保护北京文化古都风貌等意见，说明这是一个面向未来的完整方案。

梁思成先生认为，北京城是必须现代化的，同时北京城原有的整体文物特征和多数个别的文物建筑又是必须保存的，要“古今兼顾，新旧两利”。所有城市改建，都会面临旧与新的矛盾，清理、剔除、吸收的工作，必须慎重。他强调新旧建筑形式的和谐统一，主张建筑形式必须适应生活和功能的要求，忠实于材料和技术，表现民族传统特色和时代精神，“不是盲目地模仿古制或外国形式”。在北京旧城中，新建筑物的形式应尽量同北京的环境配合，并规定按民族形式设计，各建筑物之间要相互配合，以求整体的和谐。

1955 年，在建设领域发起了“对以梁思成为首的复古主义建筑理论的批判”，梁思成先生被指为“资产阶级唯美主义的复古主义建筑思想”的代表。这样的发难，导致梁思成先生受到了不公正的批判。吴良镛教授认为，“那场声势浩大的批判运动对梁、林心怀赤诚的建筑事业的推动，对新中国建筑学术道路的探索实际上是一种摧残”。当年对梁思成学术思想的批判，对于建筑学术发展所造成的影响，包括对学风的破坏，永远值得人们深思。如今，应该改变自批判“大屋顶”和“复古主义”以来，社会上一些人对梁思成建筑设计思想产生的错误印象。因为这一批判带来的负面后果非常严重，以致很长时间以来，很少再有建筑师愿意实践中国传统建筑和现代建筑结合的探索，更有一些建筑师盲目崇拜与追随西方流行建筑思潮。

赤诚爱国心

1956 年 2 月 6 日，正在出席全国政协二届二次会议的梁思成先生怀着激动的心情给毛泽东主席写了一封长信，表达了要求入党的请求。1959 年 1 月，他光荣地加入了中国共产党。这一时期，梁思成先生一方面还是以炽热的心情，不放弃任何可能发表自己见解的机会。1956 年 3 月，他参加中国“十二年科学远景规划”工作，出席了第一次全国基本建设会议。1958 年 6 月，他参加建筑工程部在青岛召开的全国城市规划工作座谈会，并参加了中国建筑学会举办的城市规划与建筑会议。另一方面，他继续抓紧开展对古代典籍宋《营造法式》的研究。宋《营造法式》在很长时期内，是一部无人能懂的“天书”。梁思成先生加入中国营造学社后，制订了研究宋《营造法式》的计划，先从研究清代古建筑营造入手，撰写出版了《清式营造则例》，为研究中国古代建筑走出重要一步。在十分艰难的外部条件下，他终于在“文化大革命”开始前，基本完成了《营造法式注释》上下册的基础文本，为宋《营造法式》的后续出版及其学习应用，奠定了具有突破性的研究基础。

梁思成在进行宋《营造法式》注释工作

1966 年 6 月，“文化大革命”运动一开始，梁思成先生就受到冲击，被关押了起来。虽然在“文化大革命”中，梁思成先生受到了不公正的批判，但是人们从未听到过他有半点怨言，他绝对热爱自己的祖国，绝对热爱自己的专业，苦苦思索自己的“错误”。

梁思成先生本来就体弱多病，正常时期常常忙一阵就要病一阵，住医院调理，才会逐渐康复。“文化大革命”后突然的生活变迁，严重影响了他的身体健康，病情一直加剧。1968 年 11 月 17 日，他住进北京医院。1971 年 12 月，病重期间的梁思成先生鼓励前来医院探望的陈占祥先生要向前看，不能对祖国失去信心。他说：“不管人生途中有多大的坎坷，对祖国一定要忠诚，要为祖国服务，但在学术思想上要有自己的信念。”

1972 年元旦，梁思成先生听了《人民日报》的社论后，对夫人林洙女士说：“台湾回归祖国的一天，我是看不见了，‘王师北定中原日，家祭无忘告乃翁’，等到了那一天你别忘了替我欢呼。”弥留之际，他在呼吸十分困难、与死亡进行最后的搏斗时，对女儿梁再冰说：“我相信，马克思列宁主义在中国一定能胜利……”梁思成先生在临别人世间的最后日子，引用了爱国诗人陆游的绝笔诗，表现出一生赤诚的爱国心。1972 年 1 月 9 日，梁思成先生病故于北京医院。

国之栋梁

从梁思成先生的成长历程可以看到，家庭培养以及时间沉淀对于建筑师成长的重要价值。他的一生能做出如此重要的贡献，与他的家学渊源和坚实的国内外基础教育分不开。他用短暂却又坚定的生命轨迹，构建起鲜明的学术思想和独特的创作道路。他有着广博的中国文化基础，对世界各国文化的洞察也很敏锐，因此他的学术思想能够适应时代，甚至超越时代。梁思成先生多方位的研究成就，还在于学术上的创新精神，他的治学态度不是跟着前人亦步亦趋，而是有着自己的目标和创意，一步一个脚印，取得了极具个人特色的卓越成就。

过早地逝世，使梁思成先生没有能够看到祖国在城市规划、建筑设计、历史建筑保护等方面所面临的形势和取得的成就。几十年来，城市规划建设和文化遗产事业，经历了许多坎坷，今天也仍然面临着不少挑战，但是这项梁思成先生为之奋斗并贡献出毕生精力的事业，已经取得了巨大的进步。20 世纪 50 年代初，梁思成先生曾对北京市领导说，“在这些问题上，我是先进的，你是落后的”，“五十年后，历史将证明你是错误的，我是对的”。2001 年是梁思成先生诞辰 100 周年，整整 50 年过去了，事实证明梁思成先生是对的。

梁思成先生是 20 世纪中国建筑领域的学术巨人。由于近代中国没有现代化城市的兴起，加上战乱频仍，一直贫穷落后。进入 20 世纪 30 年代，才有梁思成先生等建筑界的仁人志士，力挽狂澜，继往开来，兴办建筑教育，发掘建筑遗产，弘扬建筑文化，成为中国这一独特的历史时期建筑领域的伟大先驱。研究梁思成先生的成长历程，可以正确理解特定历史阶段中国知识分子的心路历程。他对于寻找和守望中华传统文化做出了超越时代的历史性贡献，永载史册，永传不朽，值得全体中华儿女学习和致敬。

贰

“体形环境论”
——中国语境下建筑教育体系的推广

梁思成先生是中国建筑教育事业的开拓者，
他提出的“体形环境论”
是早期对建筑教育进行的多样化探索，
成为清华大学建筑教育一以贯之的目标与方向。
其中一些建筑学科办学理念和发展目标，
为中国当代建筑教育提供了科学范式，
也足以证明梁思成先生教育思想的前瞻性。

梁思成先生是中国建筑教育事业的开拓者。

在中国建筑学界，梁思成先生是一位少见的“通才型”人物。他在建筑学的几乎所有重要领域都有涉猎。虽然他一生从事过多方面的学术活动，但是“择一业，终一生”的职业则是教师。梁思成先生是中国建筑教育事业的开拓者，他提出的“体形环境论”是早期对建筑教育进行的多样化探索，成为清华大学建筑教育一以贯之的目标与方向。其中一些建筑学科办学理念和发展目标，为中国当代建筑教育提供了科学范式，也足以证明梁思成先生教育思想的前瞻性。

任教东北大学

1928 年 9 月，梁思成先生从美国留学归来后，由宾夕法尼亚大学建筑系校友杨廷宝推荐，来到沈阳的东北大学任教，创立了中国现代教育史上最早的大学建筑学系之一，即东北大学建筑系。年仅 27 岁的梁思成先生担任系主任，这是他的第一次建筑教育实践，也反映出他归国后对祖国建筑教育事业发展的热情。当时，林徽因先生是唯一可以找到的另一位建筑学教师。好在一年以后，他们在宾夕法尼亚大学建筑系的同学陈植和童寯先生，以及麻省理工学院的蔡方荫先生也加入进来。

当时，中国传统营造体系已经不能满足时代的需要，而“建筑学”在中国现代知识体系中尚属外来的新学科，很少为国人所了解，工匠更缺少专门知识，“任意垒砌，将国人美之标准完全混乱”。针对这一现状，在东北大学建筑系开办之初，梁思成先生希望树立一种以科学和美术为基础的新的建筑职业认同，而当时有关建筑学的学科界定，是根源于西方建筑教育体系。1929 年，张学良校长设奖征集东北大学校徽，林徽因先生设计的“白山黑水”入选。梁思成先生也于 1930 年完成《中国雕塑史》讲课提纲，并在东北大学初次讲授。

由于东北大学建筑系的教师主要毕业于宾夕法尼亚大学，因此在办学中采用了母校的巴黎美术学院布扎教学体系，强调建筑的艺术性，并注重

1929 年，东北大学建筑系教师合影（右二：梁思成；左三：陈植）

东北大学建筑系师生合影（前排左一：蔡方荫；左二：童寯；右三：陈植；右二：梁思成；右一：张公甫）

培养学生对古典形式美的把握，所强调的是古罗马维特鲁威的“三要素”传统。东北大学建筑系的《毕业规定》提出，其“基本目标在挽救此不幸之现象，予求学青年以一种根本教育，先使了解建筑原则，然后诲导其建筑美术上之创造，务使其在理论上及建造上对于建筑美术及科学俱可得深切训练”。但是，1931 年九一八事变后，东北大学南迁，在校学生毕业后停止办学。

1932 年 7 月，梁思成先生给流亡至上海的东北大学建筑系同学们写了一篇祝词，题目是“祝东北大学建筑系第一班毕业生”。其中，嘱咐学生们要明确建筑学专业特点，阐释了他对建筑师这个职业的定义：“你们的业是什么，你们的业就是建筑师的业，建筑师的业是什么，直接地说，是建筑物之创造，为社会解决衣食住三者中住的问题。间接地说，是文化的记录者，是历史之反照镜。所以，你们的问题是十分的繁难，你们的责任是十分的重大。”“你们创造力产生的结果是什么，当然是‘建筑’，不只是建筑，我们换一句话，可以说是‘文化的记录’——是历史。”也就是说，从一开始梁思成先生就将建筑系的培养目标上升到“文化的记录者”这样的境界，为了成为并造就在这个意义上的中国建筑师而终其一生。

同时，梁思成先生在祝词中也谈道:“因建筑的不合宜，足以增加人民的死亡与病痛，足以增加工商业的损失，影响很大，所以唤醒国人，保护他们的生命，增加他们的生产，是我们的义务。”“非得社会对于建筑和建筑师有了认识，建筑不会得到最高的发达。”“希望你们永远记着，认清你的建筑是什么，并且对于社会负有指导的责任，使他们对于建筑也有清晰的认识。”他期待社会各界破除对建筑的误解，对于建筑和建筑师给予更多关注和理解，也希望学生们“为中国建筑开一个新纪元”。由此可见，梁思成先生不仅是中国现代建筑教育的先驱者，而且是现代建筑学在中国的积极宣传者。

开创现代建筑教育

1931 年 6 月，梁思成先生离开东北大学来到北京后，一方面加入中国营造学社，担任法式部主任，另一方面仍然从事建筑学教育事业。他分别于 1932 ～ 1933 年任北京大学教授，讲授中国建筑史; 1933 ～ 1934 年兼任清华大学教授，讲授建筑学。1936 年 10 月，由平津各大学及文化界人士发起的《平津文化界对时局的宣言》发表，向国民政府、行政院、军事委员会提出抗日救亡八项要求，梁思成和林徽因先生在宣言上签名。此时，中国的民族主义运动方兴未艾，梁思成先生的教育思想中更多体现文化自觉，在教学中增加中国建筑史的内容，“对于中西营造方法并重”。

抗日战争时期，梁思成先生在致力于古建筑的调查研究的同时，也注意到当时的建筑教育。他担心学校教育缺少传统建筑设计的训练，因此提出桂辛奖学金的设想，并于 1942 年和 1944 年举办了两届建筑设计竞赛。第一届竞赛题目是“国民大会堂设计”，得奖人是郑孝燮先生；第二届竞赛题目是“后方某农场”，得奖人是朱畅中先生。1944 年初春，第三届全国美展在重庆开幕，为了借此机会在“大后方”宣传中国古代建筑成就，梁思成先生尽管身体虚弱，仍然与中国营造学社当时仅有的几位成员一道奋力赶图，最终这项专题展览取得了成功。

梁思成先生于 1943 年完成了《中国建筑史》的写作，虽然在建筑史这个领域，也还有民居、园林、地方建筑等很多方面需要继续深入发掘和研究，但梁思成先生已预见到了战后重建对于建筑人才的紧迫需要。为了迎接战后复兴，根据急需建设领域人才的实际，他认为我国各大学宜早日添设建筑系，培养新一代建筑学的人才。1945 年 3 月 9 日，梁思成先生从四川李庄致信时任清华大学的梅贻琦校长，畅叙建筑教育发展方向，并建议清华大学创办建筑系，以培养新兴的建筑人才。

梁思成先生在信中写道：“我国虽为落后国家，一般人民生活方式虽尚在中古阶段，然而战后之迅速工业化，殆为必由之径，生活程度随之提高，亦为必然之结果，不可不预为准备，以适应此新时代之需要也。”这封信反映出他对建筑学科重要性及内涵的新认识。在信中，他首先从社会功能的角度强调了建筑的重要性：居室为人类生活中最基本需要之一，其创始与人类文化同样古远，无论在任何环境之下，人类不可无居室。居室与民生息息相关，小之影响个人身心之健康，大之关系作业之效率，社会之安宁与安全。

梁思成先生在信中提出了自己对建筑学研究对象的新认识：数千年

来，人类生活程度随文化之进展而逐渐提高，营造技术亦随之演变。最近 10 年间，欧美生活方式又臻更高度之专门化、组织化、机械化。今后之居室将成为一种居住用之机械。这里梁思成先生所说的“居住用之机械”，明显是受到了著名现代主义建筑师勒·柯布西耶的影响。由此可见，他的建筑观正在从学院派向现代主义转变。

在致清华大学梅贻琦校长的信中，梁思成先生还强调了第二次世界大战以后世界建筑学领域发生的学术转向，即对城市发展、城市规划的研究成为重点，他认为近代生活已经使都市发展成为一个由万千个建筑物组合起来的“有机性大组织”。都市设计“已非如昔日之为开辟街道问题或清

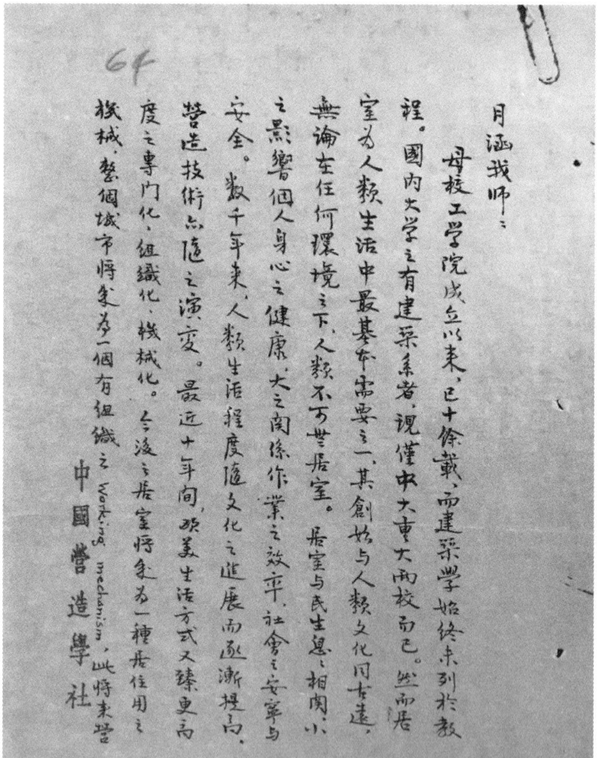
64

月涵我师：

母校工学院成立以来，已十余載，而建築学始终未列於教程。國内大学之有建築系者，現僅中大重大兩校而已。然而居室為人類生活中最基本需要之一，其創始与人類文化同古遠，無論在任何環境之下，人類不可無居室。居室与民生息息相關，小之影響個人身心之健康，大之關係作業之效率，社會之安寧与安全。數千年來，人類生活程度隨文化之進展而逐漸提高，營造技術亦隨之演變。最近十年間，歐美生活方式又臻更高度之專門化、組織化、機械化。今後之居室將成為一種居住用之機械，整個城市將成為一個有組織之 working mechanism，此將來營

中國營造學社

1945 年 3 月 9 日，梁思成致清华大学校长梅贻琦信手稿

除贫民窟问题”，而是为求得城市的“每部分每项工作之各得其所，实为一社会经济政治问题之全盘合理部署”。并表示“故都市设计，实即建筑设计之扩大，实二而一者也”。1946年夏，梅贻琦校长接受梁思成先生的建议，在清华大学建立建筑系，聘请梁思成为系主任，吴良镛为助教，首期招生15人，学制4年。

实际上，抗日战争胜利以后，梁思成先生在学术道路上有两种选择，一是继续研究中国建筑史，二是从事建筑教育，培养建筑人才。他注意到，建筑创作由于战争而长时间停滞，建筑人才也极为短缺。因此，在大学中增设建筑系，培养建筑方面的人才是燃眉之急。他同时认为，虽然中国古建筑还有很多课题有待深入研究，但是从中国建筑发展史的角度看，已经基本上理清了各个时期的体系沿革、历史源流，揭示出整个历史发展的脉络，可以告一段落。两相比较，他认为对国家来说，更亟须培养建设人才，特别是建筑师。

于是，梁思成先生回到母校清华大学，结合自己考察欧美的经历，努力开创现代建筑教育，开始了又一次建筑教育的实践。这一选择是梁思成先生学术人生的分水岭，或者说是一条分界线。在此之前，他以从事古建筑研究为主，此后就承担起建筑教学工作，迎来了他人生中又一个辉煌的时期。他同时开了好几门课，包括建筑设计、中国建筑史、西方建筑史等，还经常做专题讲演，题材广泛，包括有感而发的学术评论等。他希望组建起阵容强大的清华大学建筑系，因此从国内外多方招聘专业人才。1946年，中国营造学社也停止了工作，与清华大学合办建筑研究所。

以体形环境为核心的建筑教学理念

抗日战争胜利以后，受民国政府的派遣，梁思成先生于 1946 年 10 月再次赴美，考察“战后的美国建筑教育”。他同时收到了耶鲁大学和普林斯顿大学的邀请函，两份邀请函都盛赞梁思成先生不畏各种艰难险阻，坚持对中国建筑史进行研究并发表研究成果。梁思成先生战前的论文得到了国际学术界的赞扬，这使他成为国际建筑界的知名人物。耶鲁大学邀请他于 1946 ～ 1947 学年作为客座教授讲授中国艺术和建筑，包括建筑与雕塑两部分，由此他成为第一位将自己民族的优秀建筑文化系统地展示于世界学术界的中国学者。

梁思成先生此次赴美，除了参加联合国总部大厦的设计以外，还应邀参加了普林斯顿大学 200 周年校庆活动，并担任“远东文化与社会”国际学术研讨会主席，出席了在普林斯顿大学举办的“人类体形环境规划”学术会议。此次研讨会讨论的内容对后来他的学术思想起到了重要的启示作用。由于在中国古代建筑研究上的杰出贡献，梁思成先生被普林斯顿大学授予荣誉文学博士学位。校长在宣读赞词时说，文学博士梁思成，一个创造性的建筑师，以及建筑历史的讲述者，中国建筑史研究和探索方面的开创者。同时，梁思成先生在普林斯顿大学做了两个学术报告，在学术报告中将中国大足石刻介绍给国际学术界。这一系列学术活动，使他对建筑学科的最新发展有了更为完整的了解。

“人类体形环境规划”学术会议是一个关乎人类体形环境规划设计观念的论坛，颇具代表性和前瞻性。议题内容极其广泛，包括设计的社会基础、社区—城市规划管理、设计的视觉基础、设计的物理可能性和局限性、人类需求和科学技术、体形环境论技术之外的艺术、设计的扩展与局限、生产方式经济与人力多元统一、审美价值的来源、建筑高于实用性、自然环境的必要性、城市与郊区、规划师之间的协调、空间的意义、和谐的必要性、建筑教育等。这些内容大大超越了传统建筑学关心的美学和技术内涵，更多地延伸到社会、政治、伦理、心理等领域。值得注意的是，建筑教育作为单独的议题在这次会议上被特别提及。

“人类体形环境规划”学术会议达成的共识可以归纳为 11 项：一是建筑师必须具备高度专业化知识；二是设计必须适应不断变化的社会需求；三是设计必须考虑新材料以及更高的标准化水平；四是克服陈旧的建筑条例；五是设计师需具备心理学方面的知识；六是审美价值是天生和谐的表达；七是城市和社区的设计与再造是当今面临的主要问题之一；八是城市应恢复人性尺度和社区活力；九是设计应尊重过去的历史文化；十是避免

1947 年 4 月，梁思成（前排左七）参加在普林斯顿大学举办的“人类体形环境规划”学术会议

粗制滥造以及没有亮点的设计；十一是在工业设计领域应该认识到机械化的意义。

这些议题和共识反映了当时国际建筑界对于现代建筑的反思，其对社会、历史的重视以及对自然环境的重视，即便在今天看来都具有极强的现实意义。虽然会议共识并不系统，但是却代表了当时西方建筑领域顶尖学者对人类体形环境问题的最新理解和观念。受“人类体形环境规划”学术会议的启发，梁思成先生更深入地了解了国际学术界在建筑理论方面的发展，建筑的范畴已经从过去单栋的房屋，扩大到了人类整个的体形环境。

梁思成先生借鉴国际新的思想，结合中国的需要，对建筑学进行了新的定义，这就是他采用的名词体形环境。所谓的“体形环境”，就是有体有形的环境。他以“体形环境论”定义的建筑，即以物质空间环境为主体，不仅指一座房屋，而是包含人类一切的体形环境，因为自然界万物是有体有形的交响乐，“细自一灯一砚、一杯一碟，大至整个城市，乃至一个地区内的若干城市间的联系，都是体形环境计划的对象”，都是人类生活和工作的舞台。因此，梁思成先生提出应关注与城市建筑紧密相关的人的活动。在他心中，单体建筑的设计和整个城市环境规划是不能分割的整体。

在美国考察期间，梁思成先生参观考察了多所建筑设计机构及建筑院校，出席了一些高水平的国际学术会议，并有机会与 C. 斯坦因先生重逢，在他的陪伴下访问了“花园城市”雷德朋新镇的案例。斯坦因是美国著名城市规划学家和建筑师，也是纽约区域规划协会的创始人。1936 年 4 月，梁思成先生曾在北平接待过斯坦因先生。与斯坦因先生的交往，促使梁思成先生开始更多阅读和注意思考城市规划问题，这对他的规划思想产生了一定影响。

此次美国之行，梁思成先生有机会与一些世界著名建筑师，例如W. 格罗皮乌斯、L. 密斯·范·德·罗、勒·柯布西耶、F.L. 赖特、W.K. 哈里森、O. 尼迈耶等一道工作和交流。他还与一些建筑大师们共同给联合国秘书长写了一封联名信，呼吁改革全球的建筑教育以适应战后需求，建议摆脱过去学院派的教育方法，要以包豪斯的方法来进行建筑教育，并提出改革建筑师和规划师训练体系的建议，指出未来的建筑师和规划师在工作时应考虑到体形环境，注重社会、经济和情感因素之间的相互联系。

1947 年 7 月，梁思成先生由美国考察建筑教育归国后，总结一年多的收获，深感当时国际建筑界特别重视都市计划，主张“为人类建立居住或工作时适宜于身心双方之体形环境”。此后，梁思成先生开始用体形环境的概念来取代狭义的建筑，将建筑的概念从房子拓展到了环境，并以他自己的建筑观为核心，提出体形环境设计的教学思路，最终形成了以体形环境理念为核心的现代建筑教学理念，尝试将现代建筑教学模式引入清华大学建筑系的教育改革。

在清华大学推行体形环境整体理念的同时，梁思成先生也对建筑人才的培养提出具体的要求。赴美讲学考察回国后，梁思成先生以“半个人的世界”为题，在清华大学做了一次学术报告，中心内容是理工与人文的结合。他强调对学生的教育要全面，并生动地把偏重理工或人文的现象形容为“半个人”。“半个人”就是说只有某一方面的知识而缺乏其他方面的修养，这样的教育有很多弊端。他认为不能仅仅单纯地发展理工，发展技术，人文落后将会产生大问题。因此，培养具有完全人格和完整知识结构的建筑人才，是梁思成先生教育思想中一个重要观点。

梁思成先生认为建筑教育的任务已经不仅仅是培养设计个体建筑的

建筑师，还要造就广义的体形环境的设计人才。为了加强中国建筑历史修养教育，他为建筑系师生开设了讲座。同时他和林徽因先生还形象地提出“学中文”，意思是只有学懂中国建筑历史，才能知己知彼，做好有中国自己特色的建筑创作。梁思成先生认为中国传统环境设计具有整体观念，包括多层次的空间观、不同层次的尺度观、基本空间单位的艺术观，以及环境的开拓观、文化观、自然观、整体观，所有这些互相联系，共同组成环境设计创造理论。

当时，梁思成先生从美国带回了大量有关现代建筑设计及城市规划理论的书籍资料，以及抽象图案的教学挂图等，包括《设计元素》图版，供师生们参考学习。《设计元素》图版是纽约现代艺术博物馆于 1945 年出版的一套介绍现代设计普遍原理的视觉教育图版，旨在展示基本设计原则如何应用于现代设计各个领域，对梁思成先生从工业艺术到建筑再到城市规划的体形环境整体设计教学理念，起到了准确诠释和补充作用，因此《设计元素》图版开始出现在建筑系馆的专业教室和图书馆中，成为清华大学建筑系现代建筑教学中的重要辅助教学参考资料。

“体形环境论”教学体系

梁思成先生很早就将西方建筑教育观念介绍到中国，其教育思想也不断随着时代进步而发展。他把建筑归纳为“包罗万象的综合性的科学艺术”，提倡在内容方面涉及“建筑、建筑工程、都市计划、庭院、户内装饰等”。他同时强调“建筑与市镇设计最要之点，在于整个观点完全以人的生活为出发点，应以改善人民生活之基本问题为出发点”。这些对建筑学研究对象的全面认识和阐释，反映出他对建筑学科发展方向的敏锐把握。他关于改革建筑师和规划师训练体系的建议，也在半个多世纪后国际建筑师协会和联合国教科文组织倡议制定的《建筑学教育宪章》中得到了印证。

以具有国际视野的建筑教育思想为基础，梁思成先生创造性地提出了全新的建筑学教学体系，在中国率先确立起以培养体形环境设计人才为目标的办学宗旨。1947 年在清华大学建筑系第二学年的开学典礼上，梁思成先生讲话十分简短，主要有两点，一是“住者有其房”，倡导一人一床，打倒马桶，改善卫生，提高居住质量；二是“体形环境”，说明人所在的不仅是一个房子，还有周边的环境，有体有形，可以说是体形环境，建筑师不能仅仅盖房子，还要让人们在美好的环境中生活。这短短的几句话是经过深思熟虑的，成为以后清华大学建筑系的学术思想纲领。

在此期间，梁思成的建筑教育思想发生了转变。由在美国宾夕法尼亚大学接受的法国巴黎美术学院布扎体系，向现代包豪斯设计教育体系转变，重点引入包豪斯现代建筑基础教学与城市规划教学，主张今后课程宜“参照德国 W. 格罗皮乌斯所创之包豪斯方法，着重于实际方面，以工程地为实习场，设计与实施并重，以养成富有创造力之实用人才”。实际上，包豪斯设计教育体系的出现，不但是新的建筑学派的兴起、建筑教育的变革，而且是现代文化思想、绘画、雕刻、工艺美术等一系列新时代追求的综合现象。

在课程方面，梁思成先生认为国内大学所沿用的教学方法颇嫌陈旧，过于着重派别形式，不近实际。他引入的包豪斯基础教学模式，集中在其主讲的设计理论课“视觉与图案”和设计课“抽象图案”等课程，讲授平面构成和立体构成，并鼓励学生们在课程设计中采用现代主义手法。他在课程中强调“使学生对于手的感觉养成习惯，增进其对于‘住的空间’及对于环境视觉之敏感，以加强学生思考”，课程练习则包括抽象的平面构成与结合材料的立体构成。

茹競华、王其明先生在《纪念梁思成先生诞辰100周年想起的》一文中说：“1947年先生从美国考察回来，在系里讲课，评设计图，我们很少听到他对美国高楼的赞美、夸耀，更没有听过他数落中国古建筑简陋、落后。但是在我们的课程中引进了许多新的内容，如抽象图案、市政规划等，培养了许多新的建筑理论观念。我们一方面学习当时时髦的钢筋混凝土结构，同时也要学古典的中国建筑构造，熟悉斗拱、梁架、夯土、抹泥和砖头，而不仅仅是绘画西洋的五种柱式。他的目的就是要培养出以先进的建筑理论指导思想，利用最新的工程技术，设计出具有中国特色的建筑。”

1947年12月，梁思成先生与陈梦家、邓以蛰联名致信梅贻琦校长，题为“设立艺术史研究室计划书”，建议清华大学设立艺术史系及研究室。1948年9月，梁思成先生通过清华大学将建筑教育课程表呈教育部，将建筑系改名为营建学系，下设建筑学与市镇规划学两个专业课程备案，其中市镇规划专业是我国高等院校第一个城市规划专业，可以说这是我国最早的城市规划专业雏形。他认为从长远看，应设营建学院，下设建筑系、市镇规划系、造园系和工业技术学系。此时，体形环境论教学体系在清华大学建筑学教学中逐渐成形。

梁思成先生回顾我国建筑教育的状况，决心要创办一个达到国际最高水平的建筑教育学科。他认为，建筑师的知识要广博，要有哲学家的头脑、社会学家的眼光、工程师的精确与实践、心理学家的敏感、文学家的洞察力，但是他强调最本质的应当是一个有文化修养的综合艺术家，这才是他希望培养的建筑师。所以，他将营建系的课程分为文化及社会背景、科学及工程、表现技巧、设计课程、综合研究五大类。他所创立的建筑基础教育体系，以及建筑与城乡规划结合的学术思考，影响了此后我国的建筑教育研究，并在当代建筑教育体系中得以延续。

1949 年 10 月 1 日，中华人民共和国宣告成立，接收了旧中国的高等教育体系和大批教员。鉴于高等教育在稳定新生政权以及恢复和发展国民经济中的特殊作用，1949 年 11 月 1 日，中华人民共和国教育部成立典礼在京举行，第一次全国教育工作会议和第一次全国高等教育会议也随即召开。当时教育部的核心工作就是推行课程改革，在此期间，清华大学建筑系改名为营建学系。吴良镛教授曾经说过，梁思成先生一直不满“建筑”一词，他说这是 20 世纪早期沿用日本的译法，他将“建筑系”改为“营建学系”，就是想以比较宽阔内涵的中国传统名词来加以替代，概括了他对学科发展的整体思路。这种改名虽然是梁思成先生一直以来的愿望，但是实际上只存在了不长的时间。

现代建筑的发展带来建筑教育的变革，也促使梁思成先生反思学院派教育传统，关注新的教育模式。虽然建筑教育目标是专业人才的培养，但是它的核心问题是如何界定建筑学科，如何配合这个界定制定相应的教育内容。

1949 年度学年，梁思成先生下决心对原有教学计划做大幅度的修改，主持制定了《清华大学工学院营建系学制及学程计划草案》，经过师生反复商讨之后，于 1949 年 7 月 10 ～ 12 日在《文汇报》上连载，确定了清华大学营建学系的教学目标，明确“以往的‘建筑师’大多以一座建筑物作为一件雕刻品，只注意外表，忽略了房屋与人生密切的关系；大多只顾及一座建筑物本身，忘记了它与四周的联系；大多只为达官、富贾的高楼大厦和只对资产阶级有利的厂房、机关设计，而忘记了人民大众日常生活的许多方面；大多只顾及建筑物的本身，而忘记了房屋内部一切家具设计和日常用具与生活和工作的关系。换一句话说，就是所谓‘建筑’的范围，现在扩大了，它的含意不只是一座房屋，而包括人类一切的体形环境”。

《清华大学工学院营建系学制及学程计划草案》开宗明义，阐释了梁思成先生一向主张的体形环境教学思想，指出“清华大学建筑课程就以造就这种广义的体形环境设计人为目标。这种广义的体形环境有三个方面：第一适用，第二坚固，第三美观”。为此，清华大学建筑教育的方针是“以训练学生能将这三个方面问题综合解决为目标”。

关于“适用、坚固、美观”问题，梁思成先生特别强调：适用是一个社会性的问题，以体形环境之计划是整个社会问题中的一个极重要的方面，其第一要点在求其适宜于工作或居住的活动方式。适用的建筑可以增进居住及工作者身心的健康，健康是每一个人应享的权利，健康的人才能成为一个有用的人。坚固是工程问题；在解决了适用问题之后，要选择经济而能负载起活动所需要的材料与方法以实现之。美观是艺术问题；好美是人类的天性。在第一与第二两个限制之下，建造出来的体形环境，必须使其尽量引起居住或工作者的愉快感，提高精神方面的健康。

根据《清华大学工学院营建系学制及学程计划草案》，学制变四年制为五年制，系内之前四年制入学的学生尚未毕业，因此这项草案按四年制和五年制分别拟定了教学计划、课程设置及相应学分，便于查对各年级的课程安排及其与学分的对应关系。从教学管理来看，这项草案保留了学分制，有较多的选修课，并允许执行过程中的灵活性。在具体教学中，梁思成先生在计划草案中保留了多种美术课，不仅是为了教授表现技巧，也是为了提高学生的鉴赏力和艺术修养。同时不论建筑组还是市镇计划组，对历史和工程技术方面的教学均贯穿了五年的时间。

这项计划草案的突出特点，一是继承学院派传统，强调艺术训练，包括建筑画、素描、水彩、雕塑、木刻以及绘塑史等课程。二是突破学院派建筑学范域，将专业内涵向上扩展至全部建成环境，包括在建筑系下分建筑组、市镇体形计划组、造园学系组、工业艺术组、建筑工程学系组。三是修正包豪斯学派的技术指向，在人才知识结构上强调更为广泛的理工与人文的结合，课程设置包括文化及社会背景类、科学与工程类、表现技术类、设计理论类、综合研究类以及政治、心理学、人口问题等选修课程。课程体系中还有中国建筑史、中国绘塑史、中国通史、社会调查等结合国情的内容。

因此，这份《清华大学工学院营建系学制及学程计划草案》被誉为中国现代建筑教育史上，借鉴外国经验、顺应国际新建筑发展潮流、反映本土思考的最早的“中国模式”。梁思成先生在建筑教学上进行的一系列变革，是我国建筑教育中的重大革新，与他所受的建筑教育背景、建筑教育实践、对建筑民族性的追求、对现代建筑发展的了解，以及他亲身与西方现代建筑学者们的交流，有着密切的关系。其中一些课程的设置也很有远见，至今对建筑教育的发展方向仍然具有重要的参考价值。

庄惟敏教授在《中国语境下梁思成建筑教育思想的国际范式》一文中指出:“从 20 世纪初到 1940 年代早期，由国人开办的中国建筑专业教育中曾经存在多种办学模式，如日本模式、德国—美国综合理工模式、法国—美国学院派模式、德国包豪斯模式等。这些‘模式’反映了建筑学科在中国确立、内涵界定和相应人才培养方式的发展变化。而借鉴外国经验、顺应国际新建筑发展潮流、反映本土思考的最早和最具系统性的‘中国模式’，则毫无疑问是梁思成在 1949 年发表的《清华大学工学院营建系学制及学程计划草案》。”自此，梁思成先生的广义的建筑理念，即“体形环境”理论确立起来。而在西方一般建筑教育中，直到 20 世纪 60 年代，才开始树立起环境设计观念。

梁思成先生大力倡导植根中华文化遗产，吸收转化为当代建筑创作的专业教学方向。在中华人民共和国成立以后，梁思成先生曾任清华大学文物馆委员会主席，他认为：“建筑史今天真正需要的人才是要很活跃的、有充沛的体力、会动脑子、有研究才能、能把问题搞清楚的人。绝不是别人把一件古董摆在你面前，让你坐在那，慢慢地去品味它。”在国家文物局的组织下，清华师生赴山西进行雁北文物勘察，这是中华人民共和国成立以来第一次组织的规模较大的文物实地调查研究。为保护北京古城和文物古迹，梁思成先生竭尽全力，多次为文化部举办的考古工作人员训练班、古建筑工作人员培训班讲课，培训专业人才。

1951 年 10 月，梁思成先生大力支持吴良镛教授与中国农业大学汪菊渊教授共同提出的创办园林专业的建议，通过与北京农业大学园艺系合作，创办了我国高等教育中第一个园林专业。清华大学营建学系增加了造园组和工艺美术组，招收了第一批园林规划设计专业学生，以拓展建筑教育的外延。

独特的教育理念和教学方式

1952 年，根据教育部的统一规定，全国高等院校进行了院系调整，清华大学营建学系和北京大学建筑工程系合并，同时将“营建学系”改为全国统一命名的建筑系。院系调整后，在梁思成教育思想指导下的“营建学系”时代就此结束，教学体制按照苏联模式，建筑系规模逐渐扩大，梁思成先生任系主任，吴良镛教授为副主任。这期间工作开展得较为曲折，但是仍旧有很多有意义的工作。首先，成立教研组，包括建筑设计、城市规划、建筑历史与理论、建筑构造、园林、美术等，大家各司其职，各有不同的成长。

当时，建筑学教育虽然仿照苏联模式进行，但是建筑学专业兼顾人文、艺术和工程的专业特性，以及受清华大学的校风、传统的影响，清华大学建筑系在这一时期的发展，多少冲破了僵直无趣的刻板印象，将建筑教学与中国建设实践紧密结合。1952 年建筑系开始实行六年制学制，城市规划成为建筑系内重要的研究方向，其目标是“培养从事于城市规划的建筑师，毕业后经过短期的工作锻炼，能领导一个城市规划小组工作，或去中小城市从事于该地的规划和建设工作”。建筑历史与理论的教学，则根据梁思成先生和中国营造学社同仁的深厚积累，选择先从中国古典建筑开始，并增加了古建筑测绘的内容，从二年级开始才讲授《建筑通史》。

梁思成先生对建筑学的基础教学十分重视，除了负责制订建筑系里一些教学计划，也会负责部分具体课程的教学工作。例如 1961 年 4 月他曾为同学们讲授建筑装饰课程。他非常重视学生的启蒙教育，每届一年级学生的建筑概论课程他必定亲自讲授，很多学生对建筑学的正确认识及对建筑专业的热爱，都是从建筑概论课程开始的。作为建筑系主任，梁思成先生编制了《建筑概论讲义》，由清华大学土建系 1962 年 9 月刊印，并投入教学使用。

梁思成先生的教学具有鲜明的特点。一是重视建筑基础教育，除了每一年的新生第一堂课必须亲自讲授外，在日常教学中也要求学生们注重观察生活中的细节并记录下来。二是对建筑历史和建筑艺术的重视，尤其在讲授中国建筑史的内容时，喜欢言之有物，实例讲述。三是对学生开展启发式教育和开放性引导。四是重视学生艺术鉴赏的能力。他对学生的审美能力有一定要求，除了在课程设置中安排美术课程包括建筑画、素描、水彩、雕塑等，在课下也会与同学们交流对建筑艺术、审美的看法，会用自己收藏的艺术品或者见过的实例来给同学们进行具体讲述。

为了将国际现代教学方式和中国文化相结合，梁思成先生总结出适合清华大学建筑系学生的现代教学方式，使同学们耳目一新。他在讲课中时时涉及有关联的外围领域，有中外历史、语言、艺术、书法、音乐、佛教哲学、工程技术、城市规划等，同学们无不被他那极高的文化艺术素养所感染。他所讲的内容，大部分不只是来源于书本，而是经过亲自观察、细

梁思成辅导清华大学建筑系学生水彩绘制

心揣摩，有的是亲手测绘摹写甚至是由他第一个发现和论证的成果。由于学贯古今、兼通中西，所以能够旁征博引，一件事物可以和不同时代、不同地域、不同文化背景的相应事物进行比较分析，从而使学生们加深理解，印象深刻。

梁思成先生曾告诫同学们说："建筑是什么？它是人类文化的历史，是人类文化的记录者，它反映时代的步伐和精神。""一切工程离不开建筑，任何一项建设，建筑必须先行，建筑是工程之王。""希望你们喜欢自己的职业，建筑创作要有激情，就像画家一样，一张好的作品，得有那么一种激情，否则这张画在技巧上不论多高明也是只有匠气，而无灵气。同样建筑师不是把一些东西堆砌起来，画出来。建筑师得有想法，有立意，创作在其中，有激情在里面，才能满怀热情地去做。不要挑挑拣拣的，认真对待每一件工作，你才能体会到，你是一个很可爱的建筑师，这个职业是个很好的职业。"

对待教学，梁思成先生有着自己独特的理念和方法，他讲课的风格很有趣味，具有诱惑力，经常使学生们感到豁然开朗。他平易近人，又很诙谐，非常注意树立民主的学风。在评图讨论时，鼓励同学们畅所欲言，年轻人在他面前从不感到拘谨。他也很信任大家，无论是教师还是学生，在建筑系里都感到很自由，心情舒畅。这就是他的施教方式，一方面学术民主，鼓励学生们表达不同意见，另一方面让大家互相影响，互相取他人之长，使学生们在不知不觉中养成一种朴质的学风。

在同学们眼里，梁思成先生虽然名气很大，但是不是那种架子很大的学者。无论是设计课还是概论课，都是他亲自去讲。他讲课的特点是非常幽默，故事很多，谈笑风生。在上课时他基本上不用讲稿，带一个小提纲。讲一、二、三，讲的是故事，始终给同学们展现出开朗乐观、博学幽默的精神面貌。这样通过一节课接着一节课的传授，给学生们一种看问题的思想方法。梁思成先生有一句话："持之以恒，必有大益。"他对学生们学习生活非常关心和爱护，每一届学生对梁思成先生的回忆都充满怀念和敬佩。

清华大学建筑系1961届学生黄汇女士对梁思成先生的教学方式印象深刻："一天，要讲形式与内容的关系。他提前来教室，在黑板上自右向左一口气画了一连串不同时代、身着不同服装的妇女。正当同学们对他绘画的功夫赞叹不已时，他开讲了：'大家看，这是妇女服装形式随时代变化而变化的洋片。在妇女大门不出二门不迈的时代，可以裙袍拖地。民国时期，有了职业妇女，要上班，要上街，人力车是主要交通工具，穿旗袍很合宜。可现在，妇女要劳动、骑自行车，动作幅度很大，再穿那苗条合身

梁思成在教学中

的长旗袍就会出笑话了。’他用图画、比喻、趣谈，生动而轻松地让同学们信服在功能、行为、观念、形象之间存在着‘必然’，存在着辩证关系。”

梁思成先生十分注意指导学生的学习方法，鼓励学生注意课外阅读，并多接触社会。他鼓励学生们参加各种社团活动，做社会调查。他经常说，作为一个建筑师要广而博，眼光要宽一点，知识面要宽一点。他鼓励学生们相互聊天，他说：“不要轻视聊天，古人说：‘与君一席话，胜读十年书。’从聊天中可学到许多东西。”“学术上的聊天可以扩大你的知识视野，养成一种较全面的文化气质，启发你学识上的思路。聊天与听课或听报告不同，常常是没有正式发表的思想精华在进行交流，三言两语，直接表达了十几年的真实体会。许多科学上的新发现，最初的思想渊源都是先从聊天中得到的启示，以后才逐渐酝酿出来的。”

对于一个教学话题，他给出的解答往往是开放式的，很少给出直接的答案或者是学术权威意见。他更多通过讲故事的形式，引起学生们的兴趣，随后让学生们通过案例进行自我领悟，如此对学生们建筑知识的巩固和应用的影响更加深远。这样做的目的是锻炼和培养学生们的自我思考和分析能力。他非常重视培养学生的动手能力，常常谈起要在建筑系成立类似宾夕法尼亚大学的手工室，可惜这一设想始终没有实现。他的教学地点不拘泥于课堂之上，有时在清华大学校园中，有时也走出校园，讲述一些课外的知识。他曾先后带学生们参观清华校园工字厅和故宫乾隆花园，称赞这两处有最美的两座垂花门。

梁思成先生具有十分严谨的学风和精品意识，在建筑教学上更是如此。每讲到一个建筑实例，都要在黑板上准确地把建筑的平、立、断面画出来。他要求助教要画示范图。画中国的柱式，上面有琉璃瓦，檐底下的彩画，红漆柱子、白石栏杆，青灰的砖地。不同的材料，不同的色彩，不同的质感，完全用黑白灰来表现，这就要见真功夫。当时既没有电脑，也没有针管笔，用鸭嘴笔需要靠手来调节，很容易出头，他的要求是既不能碰不上，也不能出头，出了头就用刀子刮掉。他甚至用放大镜来检查同学们的画图，而且还要求凭眼力能够鉴别一条线是否完全垂直或水平，误差要不超过 1 毫米。为何如此，他说，很简单，取法乎“上”方能得其“中”，只有受过高水平作品的熏陶，才能培养同学们“眼高”手不低。

在梁思成先生看来，真正优秀的建筑师要有广博的知识素养和旺盛的奋斗精神。清华大学建校以来就有“无体育、不清华”的优良传统，此一时期也得到了继续发扬。建筑系各班同学甚至教师们都积极参与体育运动，一时蔚然成风。有一段时间，梁思成先生也参加了课间操，“每天上午十时，可以看到全系师生一起起劲地做着广播操”。更重要的是，体育锻炼还磨炼了清华大学同学们的意志力和团队合作精神，成为他们日后奔赴工作岗位后克服艰难、不断进取的思想基础。

“体形环境论”建筑教育思想

几十年来，梁思成先生的建筑教育思想，一直作为清华大学建筑教育发展的指导思想。从清华大学建筑系创建，至今天的清华大学建筑学院，已经形成具有建筑、城市规划、景观学、建筑技术科学 4 个系，另外包括历史、美术等研究所的综合格局。2003 年景观学系成立，至此最终实现了梁思成先生创办清华大学建筑系初期时的设想。此外，跨院系成立的校级科研机构清华大学建筑与城市研究所、清华大学人居环境研究中心、清华大学建筑节能研究中心也依托建筑学院得以设立。

吴良镛教授指出：“对于建筑学术发展，当然我们首先要感谢我们系的创业者，一代大师梁思成先生。中国有句古话，‘创业维艰，守成不易’。我不能忘记二战后到建国伊始梁思成对中国建筑事业的贡献（包括建筑系的创建）和建设新中国朝气蓬勃、奋发进取的精神。”梁思成建筑教育思想奠定了清华建筑教育“立足人居环境、探索中国特色、跻身世界一流”的办学思想和发展目标，也为中国当代建筑教育提供了办学范式。

至今，梁思成先生所提出的体形环境论仍然是建筑学的理论基础构成，仍然可以启发从建筑设计到城市规划等诸多领域的创作。今天面向建筑学的未来思考，再次领会和解读梁思成体形环境论为核心的建筑教育思想，结合当今世界多极化与多学科融合的建筑学发展背景，强调各个学术方向并非独立于整体而存在，也不应脱离整体而被孤立地解读，强调整体大于各组成部分之和。任何建筑在一座城市之中都不可能独善其身，而是必须与环境相协调。

梁思成先生一直把城市规划和建筑设计视为一个整体，是一个问题的两个方面，是不可分割的。他早年研究建筑设计，为了融汇东西方建筑文化，逐步发现了建筑个体本身的局限性，他的视野扩展到城市。而在他的学术实践活动后期，为了解决中国城市特有的问题，他又返回来研究建筑问题。他的这种学术思想也表现在他的建筑教育思想上，他在建筑学专业中加入了城市规划的内容，而不是把二者截然分开。这一传统在清华大学建筑专业一直保持至今。

正如梁思成先生在解释体形环境论要旨时所表述的：“建筑在满足人们居住需求的同时，还是艺术创造，建筑活动也反映当时的社会制度和当时的政治经济制度，也反映了当时人们的生活方式。在任何阶段的任何建设中，任何一座建筑物，无论是办公楼、宿舍、车站，乃至厂房、仓库，它的文化意义与经济意义是不可能分开的。”这正是梁思成先生建筑教育思想的体现，也是清华大学建筑教育迈向百年的学科建构。

梁思成先生为中国引入建筑学的国际理念，从而在中国大学中创建了具有中国特色的建筑学专业，同时还通过在中国的建筑学教育实践，将其理念和思想传播到西方。梁思成先生博大的思想情怀和教育理念，不仅为当年的中国建筑开创了一个新纪元，也使中国建筑学的发展在世界范围内有了更高的国际认同。今天，以梁思成建筑教育思想为基础的现代教学体系，在保持中国特色的同时，已经形成了具有国际影响力的中国建筑教育范式，并继续指引着中国建筑教育迈向未来。

叁

“中而新”
——传统建筑与现代建筑相互融合的探索

梁思成先生为中国建筑学术发展
建立了不可磨灭的功勋，
他的建筑设计作品是中国现代建筑学术史的重要文献。
如今，重温这些建筑设计作品，
依旧可以体会到他高超的设计技巧、深刻的思想内涵，
以及火热的创作激情。

梁思成先生是中国优秀建筑设计的实践者。

在今天的建筑学界和社会公众中，梁思成先生在中国古代建筑史方面的成就为人们所熟知，然而他作为建筑师所设计的作品，特别是这些作品背后的学术思想，还不为人们所广泛了解，甚至在一个时期内屡遭误解。事实上，梁思成先生与其他建筑史学家不同，他并没有将自己局限于古代建筑研究，而是在融贯东西的基础上，把建筑设计与古典美学相结合，不仅对中国传统建筑研究做出了巨大贡献，也为中国建筑创作道路提出了“中而新”的方向指引，并始终关切着中国现代建筑设计学科的发展。

梁思成先生一生以从事古建筑研究与教学为主，但是从来没有忘记对建筑创作的探讨。1986 年，陈明达先生在《建筑学报》上发表《纪念梁思成先生八十五诞辰》一文，认为梁思成先生对研究中国古代建筑史，提出了三大目标：“首先是为尊重古代传统文化，保护古代遗物；其二是深刻认识古代建筑在工程技术上及艺术上的成就，确认古代建筑的客观价值；其三是为了创造新的，包含着中国素质、智慧及美感，适合于自己（生活）的建筑。”也就是说，梁思成先生研究中国古代建筑的目的之一，是为了创作具有中国特色的新时代的建筑作品。

20 世纪 20 ～ 60 年代初的 30 余年间，梁思成先生设计了 20 个左右的建筑项目。他的设计作品数量虽然不多，内容却十分丰富。清华大学建筑学院关肇邺教授对这些作品进行分析，认为“从建筑类别、地域、标准和风格等多方面来看，都具有极大的跨度：从国家最主要的纪念碑到商店店面；从盛唐风格的纪念堂到属于当时最新现代风格的校园建筑；从国际最高水准的现代派会堂建筑到山区地方材料、手工建造的民居庭院”。此外，还包括他分别为父母、妻子以及弟弟设计的墓，每一座都感人至深。

天津大学建筑学院丁垚教授在《梁思成建筑设计作品辑略》一文中，对梁思成先生数十年建筑师生涯中建成、方案、咨询或顾问的项目进行梳理，指出“是梁思成先生建筑设计作品的一份不完整辑录”，包括对其中 14 个作品的初步释读：始于 1928 年冬着手的清华园内王国维纪念碑的设计，终于 1963 年夏赴蜀冈踏勘后所做的扬州鉴真纪念堂方案。这些作品分布在国内各地，有的并未建成，有的毁于战火，有的已非原貌，还有的甚至只存名字、踪迹待寻。但是相关的资料以及实物本身，与梁思成先生的文章、著作、图画一起，在中国建筑学术史乃至中国现代化进程中，都具有不可磨灭的重要价值。

早期建筑设计作品

梁思成先生的建筑创作作品，可以分为中华人民共和国成立前和成立后两个阶段。

1928 年，梁思成先生回国不久，就设计了王国维纪念碑，设计建造时间为 1928 年 11 月～ 1929 年 7 月，落成于王国维“因深陷传统文化衰落之痛苦”而自沉昆明湖两年后。这是一组完整的“先设计后选址”的纪念建筑小品兼场地设计。在几处备选场地中，梁思成先生于 1929 年 6 月 4 日现场踏勘后，最终在清华园工字厅外东山的山麓古槐间，为“海宁王静安先生纪念碑”勘定地址。他认为这里“天然位置、远胜人为”。通过边长约 10 米的纪念广场，幽静双槐之下的环境，可以“依山为屋，因树为门”，象征王国维半隐于清华园山林间的故事。总高 3.7 米的碑身及基座，清晰呈现出“现代简洁天然石块碑体 + 抽象化传统基座”的做法，以表现所纪念人物的人品、道德、学问、思想特征及独立人格。石碑的内面有“新会梁思成拟式”的设计者题名。

1929 年 1 月，梁启超先生因医疗事故逝世。梁思成先生在北京香山卧佛寺东侧设计并监修梁启超墓园。墓园及主墓穴位为 1925 年梁启超亲自选定，“负阴抱阳”，应为风水佳地。墓园呈 90 余米的正方形，占地 8200 平方米，四周环围毛石砌筑的矮墙，园内密植松柏。墓园设计建造于 1929 年开工，1931 年竣工。整个墓园包含两个主要建筑物，即墓碑和碑亭。碑亭内最终没有立碑，是一座八角形

梁启超墓

石仿木构小亭，绿色琉璃瓦顶，石亭檐部还有一斗三升和人字拱的斗拱，亭内藻井上有一朵莲花，源自洛阳龙门石窟莲花洞。主墓墓台及墓碑在墓园东北部，主墓坐北面南，墓台当中为梁启超与夫人李蕙仙合葬墓及墓碑，墓碑高 3.62 米，无碑文及墓主生平，甚至无生卒年月。这是梁思成先生遵从父亲的遗愿“赞善浮辞悉不用”而设计的。

梁启超墓园非常简洁，除了墓碑正中的碑刻及两侧的简洁雕刻，别无其他花式，常年保持着安静和肃穆。墓碑由素朴大型石材组合堆叠而成，浑然天成而自然简朴。墓碑前有方砖满铺的宽阔平台，中央一块长方石板为祭拜处，台前 9 级石阶，阶两旁立石墩。在梁启超墓园内的“子女墓群”中，还有梁思成先生设计的梁思忠墓。梁启超墓园的设计体现出中国传统建筑与环境密切结合的特征，展现出深刻的设计思想，是极为宝贵的建筑经典。1978 年，梁启超墓园由其后人无偿移交北京植物园，目前这座曾经荒凉的墓园经过维修，恢复了昔日的幽静肃穆，供人们凭吊瞻仰，并于 2001 年被公布为北京市文物保护单位。

1930 年，梁思成先生与同学陈植、童寯先生及结构工程师蔡方荫先生共同成立了梁陈童蔡营造事务所，合作设计了吉林省立大学校舍，并与林徽因先生共同设计了辽宁锦州交通大学分校，可惜后者毁于战争。吉林省立大学校舍是梁思成先生留美归国后承接的第一项大型建筑设计任务，是吉林省立大学创立

吉林省立大学礼堂图书馆正面入口旧照

时期的主体教学设施，于1931年建成。内容包括：礼堂图书馆和文法、理工两教学及办公楼，皆用长方形花岗岩砌成，因此被称为“石头楼”。3栋建筑在一个方形空间内排布成品字形，围成南向广场，总建筑面积9722平方米；主楼礼堂图书馆为两层，总高22米，外部大台阶接入口大厅，屋脊两侧有鸱吻，形式宏伟，结构非凡。东、西配楼均为中央4层、两边3层，总高16.2米，两楼东西对望，大体相同。

吉林省立大学礼堂图书馆背面入口旧照

正如陈植先生的纪念文章中所述，“当时思成兄力主建筑要有民族特色，但不应复古，吉林省立大学即以此原则尝试设计”。建筑的外形沿用当时欧美石砌建筑的简约新做法，但局部点缀了中国传统纹饰和图案，室内大厅梁柱及栏杆等采用民族风格。这是将现代建筑语言本土化的初次尝试也是当年中国建筑师尝试运用建筑学法则，充分调动民族传统建筑语汇进行创作的第一次较大规模实践，具有重要的学术意义。目前，这3栋建筑均保存下来，作为东北电力大学的礼堂、档案馆以及办公室、教室等使用，并于2013年被公布为全国重点文物保护单位。2018年，“吉林大学教学楼旧址”入选中国20世纪建筑遗产项目。

在北京还有一处已经消失的梁思成先生早期重要设计作品，即位于北京王府井大街的原仁立地毯公司铺面，设计建造时间为1932～1933年。

原仁立地毯公司铺面外观旧照

这项铺面改造和室内装修工程规模不大，占地面积仅42平方米，建筑面积约460平方米。这座建筑原本有一个完全西洋古典的立面，但是他用心雕琢，巧妙地将其改造成为“中而新”的设计，为建筑增加了不少中国传统特色的装饰细节，尤其立面设计极为精彩，在不对称构图中实现了尺度协调、比例平衡。

梁思成先生在按照现代风格处理的店面上，采用古代建筑构件进行装饰。五开间铺面的正中橱窗，用人字拱、一斗三升两种斗拱形制；建筑的天际线上采用鸱吻和女儿墙，产生高低变化；两个入口墙面以水刷石装饰，虽然手法多样，但是协调有序，成功地融合了传统与现代两种建筑风格，同时室内风格和售卖的美丽地毯交相辉映。仁立地毯公司铺面设计，集中地体现了梁思成先生在中华文化语境下全方位探求建筑新路的努力，也与他同时期调查研究中国古代建筑的深入思考相辅相成。但非常遗憾，这组建筑后来在王府井商业街的建设中被拆除。

北京大学地质馆和北京大学女生宿舍

在北总布胡同 3 号居住期间，梁思成和林徽因先生受北京大学蒋梦麟校长的委托，设计北京大学地质馆和北京大学女生宿舍，这两项设计成果被誉为“中国建筑师设计的体现现代主义建筑风格的早期作品之一”。北京大学地质馆位于北京沙滩北街，1934 年开工，1935 年竣工，是北京大学第一个拥有独立教学实验楼的理科系馆。在北京古老的皇城范围内，建造出打破常规、大胆创新的现代建筑，展现出当时社会思想发生的巨大变革，具有划时代的意义。这是一个充分把握场地特点，而且充满巧妙构思的设计案例，占地面积 791 平方米，建筑高度超过 18 米，面积约 1900 平方米。建筑呈曲尺形平面，南部 3 层，北部两层加地下室，为砖混结构。地上 3 层用作教室、陈列、阅览、实验及办公，地下室则用作磨片室、储藏室、锅炉室等。

这一建筑的特点是，外形完全服从内部功能，造型简洁明快，既没有

北京大学地质馆旧照

刻意追求大面积体量构成，也没有任何特殊的古典装饰，只是在清水砖墙面上利用青砖本身砌出一些简单的凹凸横线。建筑左半部分是砖墙和水平向的窗户，右半部分是以实墙面为主的非对称自由构图，两者形成对比，完全靠比例和构图来达到它的美感。整体设计十分细致，门窗的尺度、楼梯的扶手处理、墙角的弧线设计等，都颇具匠心，是当时全世界最流行的建筑风格。目前由中国社会科学院法学研究所使用，室内装修经过改造，但是厅、廊、门等处风格样式保留旧貌，楼梯栏杆也均是旧物，保护状况较好。入口处保留一些关键的原有构造和设施，全部外窗方格的划分仍是原状，十分珍贵。原北京大学地质馆于2013年被公布为全国重点文物保护单位，并于2017年入选中国20世纪建筑遗产项目。

另外一栋是当时的北京大学女生宿舍，位于北京沙滩北街，由梁思成先生与林徽因先生合作设计，设计建造时间为1934～1936年。占地面积1207平方米，建筑坐北朝南，是由3栋楼组成的凹字形布局，形成

北京大学女生宿舍旧照

一个宽大的三合院。西面和北面为 3 层，南面为 4 层，均为平顶，砖混结构。整栋建筑为单元式公寓，共有宿舍房间 220 余间，分成 8 个各有独立入口的单元，以“天地玄黄、宇宙洪荒”来命名，各单元内每层有 6 ～ 8 个居室，每层通过内走廊联系各居室，并设有水房、厕所等公共设施。建筑主入口为券洞形式，各居住单元的大门多朝向内院，均有独立入口。建筑整体设计注重功能的合理使用，建筑形式仅为内部功能的自然反映。

北京大学女生宿舍的建筑风格与北京大学地质馆基本相同，简洁明快，都没有使用特殊的装饰手法，完全以灰砖墙和窗户、窗台、门洞等形成的几何构图来达到美观。但是在外形上，利用单元的排列构成体量组合，并注意门窗排列的比例关系，使得建筑立面丰富而富于变化，“没有由简洁而走向简单呆板”。建成后数年梁思成曾自评:“平素去雕饰，而纯于立体及表面之比例、布置之权衡上发挥其图案效果。”这栋建筑是研究国际现代主义建筑理论对中国近代建筑发展影响的重要实例。目前这组建筑为单位宿舍，内部有所改动，但是原有建筑格局保存基本完整。加固的框架结构体对外观有所遮蔽，砖墙表面多有后来的粉刷，室内未经系统重新装修，有些门窗的样式或是旧貌，窗台、楼梯、栏杆等仍是旧物。2003 年被公布为北京市文物保护单位。

国立中央博物院大殿

虽然在 1930 ～ 1945 年，梁思成先生把主要精力放在中国建筑史的研究方面，但是他的视野从未仅仅局限于古建筑的研究，而是始终关注着我国新建筑的创作。1935 ～ 1936 年，梁思成主编、刘致平编纂的《建筑设计参考图集》10集发表，前5集简说由梁思成执笔，后5集简说由刘致平执笔。梁思成先生认为建筑除物质功能外，更重要的在于它是艺术。他说："建筑是人类一切造型创造中最大、最复杂、最耐久的一类。所以它所代表的民族思想和艺术更显著、更多方面，也更重要。""对于新建筑有真正认识的人，都应知道现代最新的构架法，与中国固有建筑的构架法，所用材料虽不同，基本原则却是一样——都是先立骨架，次加墙壁的。"梁思成先生在《建筑设计参考图集》序言中写道："因为原则的相同，'国际式'建筑有许多部分便酷类中国（或东方）形式。这并不是他们故意抄袭我们的形式，乃因结构使然。同时我们若是回顾到我们古代遗物，它们的每个部分莫不是内部结构坦率的表现，正合乎今日建筑设计人所崇尚的途径。这样两种不同时代不同文化的艺术，竟融洽类似，在文化史中确是有趣的现象；这正该是中国建筑因新科学、材料、结构，而又强旺更生的时期，值得许多建筑家注意的。"

1935年，受民国政府中央研究院及教育部委托，梁思成先生主持中央博物院及中央图书馆的建筑设计竞赛。国立中央博物院1933年由蔡元培先生倡议创建，在中山门半山园征地12.9公顷，原拟建"人文""工艺""自然"三大馆，后因时局关系，仅建设"人文馆"，即现南京博物院大殿。梁思成作为中央博物院建筑委员会专门委员和顾问建筑师，负责拟定征选建筑图案的设计要求。在最初的规划中，国立中央博物院的设计规模十分宏大，这就需要建筑风格气魄宏伟，才能达到应有的效果。

1935年9月，梁思成先生参与初选方案排序，并与兴业建筑事务所徐敬直、李惠伯建筑师密切合作修改设计。原来这个方案中标时，是模仿清代宫殿的外观，梁思成先生在这一时期的古建筑调查研究中发现了一些辽代建筑，但是当时还未发现唐代建筑，所以他指导建筑师将大殿修改成

国立中央博物院大殿旧照

纯正的辽代建筑风格，陈列室内部则为现代建筑样式。辽代建筑不仅在风格上继承了唐代建筑的雄厚之风，而且更有加强的趋势，造型严整开朗，同时由于立面柱子从中心往两边逐渐加高，使檐部缓缓翘起，屋面坡度较平缓，减弱了大屋顶的沉重感，也扩大了建筑室内的空间，有利于满足展览陈列空间的要求。因此，经多方比较研究，设计方案最终决定馆舍的建筑风格以辽代木结构建筑的典范奉国寺为蓝本，以实现气势宏伟的辽代建筑风格。

1936 年 6 月初，国立中央博物院开始动工，1937 年 8 月因时局变化被迫停工，1947 年继续建设，并于 1948 年初竣工。这是梁思成先生全方位参与的一个设计项目，不仅策划、设计、建造过程十分复杂，而且又受到战争和时局的影响，牵涉的问题很多。

梁思成先生自己曾对中央博物院点评道："乃能以辽宋形式，脱身于现代结构，颇为简单合理，亦中国现代化建筑中之重要实例也。"梁思成先生主导的这一雄健、明朗、开阔的国家级博物院大殿营建，寄托着对中华文明复兴的希冀。国立中央博物院大殿即现南京博物院大殿，迄今保存基本完整，近年在进行整体提升改建。

在昆明的建筑创作

1938 年 1 月～ 1940 年 11 月，在抗日战争的大后方昆明，梁思成夫妇与当时许多中国知识分子一样，在极为艰难与困苦的环境中，一心以报国为己任。他们努力发挥自己的专业才能，一方面继续中国营造学社的古建筑研究工作，以昆明为基地，对云南、四川、西康的古建筑进行调查，另一方面，作为建筑师参与战时后方的建筑设计。在偏离汉文化中心的西南地区，他们除了一如既往地致力于对中国传统建筑的调查、记录、研究与价值宣传，同时也前所未有地关注当地民居建筑的价值，并且致力于将民居建筑的价值展现于建筑设计实践中。

抗日战争期间，梁思成和林徽因先生在昆明的几项建筑创作，借鉴了云南地方风格和民居特色，并采用了地方性的做法，是将当时民居研究的成果与新建筑的设计联系起来的重要实践。考察这些建筑，再结合抗日战争时期梁思成和林徽因先生在昆明时期的建筑调查及研究活动，可以注意到他们以及中国营造学社的学者们，当时在对具有地方特色的建筑投入关注的同时，也在思考如何在未来建筑设计中借鉴这些地方性的建筑特征。

1938 年 5 月，梁思成和林徽因先生应云南大学校长的邀请，承担云南大学映秋院等的设计任务。映秋院建筑借鉴云南民间建筑，采用造价相对低廉的土、石、木材料。建筑南翼一层，西侧与北翼两层，建筑外墙采用毛石墙基，砌至一层窗台下檐，其上墙体的主体为土墙，墙体表面采取黄色抹灰的保护层。建筑屋顶覆盖筒瓦屋面，各部分屋顶高低错落，采用歇山与悬山相组合的屋顶，起坡平缓，曲线舒展。建筑西南设一座三层塔楼，内部是垂直交通功能的空间，塔楼顶部为攒尖屋顶，四角翘起。外墙的做法、屋顶的形式、组合的方式，包括屋檐下外露的木构件，这些建筑外观特征，都体现出昆明传统民间建筑的特色。

1939 年，梁思成夫妇开始于昆明市龙泉镇棕皮营村，在借用的土地上，由他们自行设计并亲自参与建造自家的住宅。这座于 1940 年春建成的住宅，也是他们一生中唯一为自己设计建造的房屋。住宅院落的主入口设在西北侧临近村内道路的地方，建造了一座当地民间传统式样的土木结构门楼。进门是朝东的甬道，甬道两侧是两栋瓦房，南侧较大的一栋是三开间正房，靠西是客厅，中间是他们的书房和卧室，东侧北边一间是女儿的卧室，南边一间为林徽因母亲的房间。这座住宅的设计较多采取当地传统建筑形式与建造工艺，是从中国营造学社对昆明市郊民居调查的成果中获得的当地民居建造的经验。2012 年，这座旧居被公布为云南省文物保护单位。

联合国总部大厦设计方案

1943 年 6 月，梁思成先生发表了《说建筑品格精神之所在》一文，第一次较为全面地表述了他的建筑美学思想，即建筑要在解决实际问题的同时，以经济的手段达到主观愿望与现实条件、材料的施工与结构的功用、科学与艺术以及物质与精神之间关系的相宜和平衡。文中指出：“权衡：这是一切艺术的最基本问题。在一件艺术作品中，一切归根都可以说是个权衡的问题，就是说部分与部分间在布置关系上的比例。在建筑物上有体积与体积的比例，长与高的比例，面积与面积间的比例。”他认为“全体布局的最初基本便倚赖这许多部分的联络得体。若权衡适当，则美的问题已十九解决”。

当时，国际建筑界由欧美绝对主导，在一些国际建筑师眼里，中国建筑乏善可陈。梁思成先生希望通过建筑设计实践，打破国际建筑界对中国的偏见。他于 1944 年发表了《为什么要研究中国建筑》一文，提出研究中国建筑的目的之一就是要“提炼旧建筑中所包含的中国质素”，提醒中国建筑师应该参考“我们自己艺术藏库中的遗宝”，并“加以聪明的应用”，“要创造适合于自己的建筑”。他还特别指出：“现代主义建筑虽然在世界各国推行，但每个国家民族仍有不同的表现。英、美、苏、法、荷、比，北欧或日本都曾造成他们本国特殊作风，适宜于他们个别的环境及意趣。以我国艺术背景的丰富，当然有更多可以发展的方面。”

1947 年，梁思成在纽约与国际著名建筑师讨论联合国总部大厦方案

1947 年 2 月，梁思成先生被国民政府外交部推荐，担任联合国总部大厦设计顾问委员会的中国代表，代表中国参加纽约联合国总部大厦设计，与多位世界著名建筑师共同工作长达两三个月，每个人都做了方案设计。梁思成先生的方案设计符合中国重要建筑坐北朝南的传统，这样楼内人员工作起来舒服，而且能省很多空调费用，是更加绿色环保的建筑。同时，裙房的设计采用了多层带庭院式的布局，也是来自中国建筑传统，体现出中西方建筑传统结合的前景。

中华人民共和国国徽

中华人民共和国成立以后，梁思成先生以充沛的精力、百倍的热情投入到建筑设计之中，力图寻找新的建筑方向。他被邀请帮助确定中华人民共和国的国旗、国徽、国歌。在他与众多学者的竭力主张之下，《义勇军进行曲》被确定为国歌。1949 年 8 月，梁思成先生被聘为中国人民政治协商会议筹委会“国旗国徽初选委员会”顾问，清华大学营建学系也在他和林徽因先生的领导下成立了国旗、国徽设计小组，参加设计竞赛。1949 年 9 月，梁思成先生当选全国政协特邀代表，参加在中南海怀仁堂举行的第一届全体会议。全国政协成立以后，立即公开向全国及海外侨胞征求新中国国旗、国徽的图案。梁思成先生根据全国政协对原国旗方案修改的意见，修订绘制国旗标准图样。在全国政协大会上，他为国旗方案的通过发了言。

梁思成先生在主持国徽的设计过程中，倾注了非常多的精力和心血。他认为国徽应具有中国的民族特色，并能表现中国人民的自豪感。他认为国徽不是一张图画，更不能像风景画；国徽主要是表示民族的传统精神，所以要以国旗为主体，国旗下方是天安门；国徽不能像商标，绝不能有

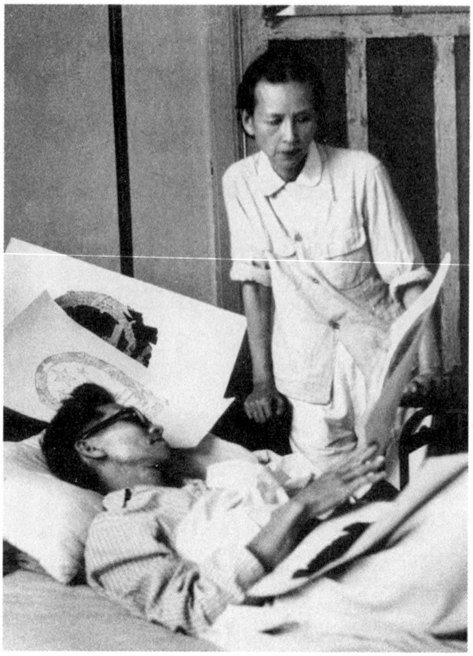
1950 年，梁思成在病中与林徽因讨论国徽设计方案

轻率之感；国徽必须是庄严的，最好避免用飘带，颜色也不宜太热闹庸俗，否则没有庄严感；国徽要考虑到制作，太复杂的图案在雕塑上不容易处理，过多的颜色在大量制作时技术上也存在困难，十几种乃至几十种颜色无法保证制作时每次都绝对相同。

根据以上意见，经过讨论决定，设计小组放弃用多种色彩绘制图案，转而采用我国民众千百年来喜爱的金、红两色。这是象征吉祥喜庆的颜色，用于国徽不仅富丽堂皇、庄严美丽，而且醒目大方，具有鲜明的民族特色。那一年，梁思成、林徽因两个人的身体都不好，几乎轮流生病。但他们把设计国徽图案作为一件光荣、崇高的事情，满怀对国家的由衷热爱，坚持拖着病躯与大家一起出方案、画图，通宵达旦地工作。在他们清华园家里的客厅内，到处都是红、金两色的国徽图案，沙发上、桌子上、椅子上摆满了图纸。不知经过多少个日日夜夜的思考、试做、讨论，设计小组最后确定了国徽图案。国徽的内容为国旗、天安门、谷穗和齿轮，中间是金色浮雕的天安门，天安门的上方是金色五星表示国旗，周围环绕谷穗和齿轮。

1950 年 6 月 23 日，全国政协一届二次全体会议，在毛泽东主席提议下，全体代表以起立方式，一致通过了梁思成先生所领导的、林徽因先生参加的清华大学营建学系设计的国徽图案。林徽因先生被特邀列席这次会议，当代表们全体起立时，她禁不住激动得热泪盈眶，而那时她已经虚弱到几乎不能从座椅上站立起来。梁思成夫妇在国徽的设计中，倾注了全部心血，通过对国徽设计的艺术处理表现了我国伟大的民族精神，表现了爱国主义思想和对祖国的挚爱之情。

人民英雄纪念碑

1949 年 9 月 30 日下午，中国人民政治协商会议结束。会议一致通过了建造人民英雄纪念碑的提案，并通过了纪念碑的碑文。傍晚时分，毛泽东主席和全体代表来到天安门广场，举行了纪念碑的奠基典礼。北京市都市计划委员会随即向全国各建筑设计单位、大专院校建筑系发出征选纪念碑规划设计的通知。之后，北京市都市计划委员会共收到 240 多件各种形式的设计方案，大致可以分为几个主要类型：一是认为人民英雄来自广大工农群众，纪念碑应有亲切感，方案采用平铺在地面的方式。二是以巨型雕像体现英雄形象。三是用矗立的纪念碑形式，体现革命先烈的英雄气概和崇高品质。

人民英雄纪念碑

北京市都市计划委员会邀请社会各界代表共同评选。其中平铺在地面的方案很快就被否定了，于是用巨型雕像的形式还是用纪念碑的形式就成为争论的中心问题。在争论过程中，大多数意见同意以下几个根本观点：一是碑的设计应以碑文为中心主题，碑文中所叙述三个大阶段的英雄史迹，可用浮雕表达。二是考虑到古今中外都有“碑”，有些方案采用埃及“方尖碑”或“纪念柱”的形式，但是这些形式都难以突出作为主题的碑文。而以镌刻文字为主题的碑，在我国有着悠久的传统，所以采用我国传统碑的形式较为恰当。三是中国古碑都矮小郁沉，缺乏英雄气概，必须予以革新。

最后，北京市都市计划委员会决定采用梁思成先生的设计方案。梁思成先生和设计团队通过对影响北京天际线的诸多古代建筑，包括故宫、天坛、钟鼓楼和城楼等进行高度比较分析，最终确定人民英雄纪念碑的总高度为 37.94 米。这也是按广场扩建为宽 200 ～ 250 米的尺度，由北面任何一点望过去，在透视上纪念碑都高过正阳门城楼作为设计考虑。由此可见，梁思成先生不仅从建筑设计，而且从城市设计、城市规划、文化遗产保护等综合的角度，确定人民英雄纪念碑的设计方案。

清华大学建筑学院王南老师对保留至今的《首都人民英雄纪念碑设计资料》进行深入研究，分析表明，人民英雄纪念碑南面正阳门的高度为 42.14 米，北面的天安门改建前的高度为 34.4 米，由此可见纪念碑的高度在天安门和正阳门高度之间。再往北，午门高 37.95 米，这是故宫内最高的古代建筑，而人民英雄纪念碑高 37.94 米，比午门仅仅低 1 厘米。作为北京中轴线上的 20 世纪新建筑，人民英雄纪念碑的高度充分考虑与邻近的其他重要历史建筑的关系，权衡中轴线的完整性，对历史表达了充分的尊重，体现出梁思成先生既传承传统文化又勇于创新实践的“中而新”的创作理念。

人民英雄纪念碑实际上与古代石碑的建造结构有很大不同。通过剖面图，人们可以了解到纪念碑是空心结构，碑内的空间可以进入。纪念碑的建筑细部也经过精细的处理，并博采众长，可谓有古有今，有中有西。台座顺应中轴线，东西短，南北长，继承了中国传统台基的惯用手法。碑身在三分之一处略有收分，使得纪念碑更挺拔、有力，这是吸收西方古典柱式的做法。纪念碑的纹样设计，是从中国传统继承而来的雕塑纹样的特色，林徽因先生为花纹图案设计投入了很大的精力，尽管她的草图未被完全采用，但是仍然起到了重要的作用。

如今耸立在天安门广场的人民英雄纪念碑，于1952年8月动工兴建，1958年5月1日落成揭幕。这是一座集体创作的历史丰碑，梁思成先生担任人民英雄纪念碑建筑设计主持人，发挥了关键作用，是他“中而新”建筑思想的最佳代表作。例如在确定人民英雄纪念碑方案的关键阶段，一个有门洞的大台子上顶着一个巨型石碑的方案，已经在天安门广场上建有大比例尺模型，眼见即将付诸实施时，梁思成先生焦急万分，慷慨上书，写完后又病倒了。道路虽然步履维艰，但是心情总是乐观、坚定，理想支撑着梁思成先生克服一个又一个困难，“拼命向前”。

关于人民英雄纪念碑设计思考的两篇重要文献，也来自梁思成先生。他曾讲道:“英雄碑本身之重要和它所占地点之重要都非同小可。我以对国家和人民无限的忠心，对英雄们无限的崇敬，不能不汗流浃背、战战兢兢地要它千妥万帖才敢喘气放胆做去。”人民英雄纪念碑既带有中国传统石碑的神韵，又是一座充满时代精神的现代纪念碑，既是集中体现梁思成城市设计与建筑外部空间设计思想的力作，也是集中体现他学习祖国建筑遗产、创造性运用遗产优良传统的力作，还是集中体现他的建筑艺术观以及建筑设计技巧的力作。

设计建造人民英雄纪念碑是新中国第一项大工程，各方面自然意见不一，分歧很大，但是比对当时参赛各方案，最终方案还是最杰出的。吴良镛先生回忆道:“人民英雄纪念碑是新中国成立之初难得的精品，事隔多年，细细品味，气壮山河的时代巨浪，都凝聚在史诗般的建筑里，气象万千，今日思之仍激动不已，其中所蕴含的创作精神，形式与内容的统一，值得我们今天继承发扬。”

梁思永墓、林徽因墓

继 1930 年前后梁思成先生设计梁启超墓和梁思忠墓之后，新中国成立后他又先后设计了梁思永墓和林徽因墓。梁思永墓，位于北京八宝山革命公墓，设计建造时间为 1954 年，是梁思成先生为纪念英年早逝的弟弟考古学家梁思永的精心设计之作。公墓内通常都作突出地面的棺椁造型，而梁思永墓与众不同，没有设计棺床，喻义考古学家以大地为棺，即以白色石条作为边框，圈出一片长方形土地，既是微缩的墓园，也是考古学家的田野。内容包括两组石台，高的作为墓碑。一前一后、一矮一高两组方形石台，则表示两处探方。

梁思永墓

梁思永墓前面的石台只有一层，上面用连续纹样圈出边框，纹样取材于殷墟商代器物常见的菱形雷纹，边框里没有文字，而是均匀地画出几根平行线，寓意考古探方看到的“地层”。后面的石台，即汉白玉卧式墓碑，自下至上渐收，叠为 3 层，既是三段式的完整构成，也通过匠心独运的设计，象征梁思永先生最重要的学术贡献，在安阳殷墟后岗发现了仰韶、龙山、殷墟三个考古层位，即“后岗三叠层”。在这个简洁的墓碑设计中，梁思成先生运用象征主义手法，浓缩了梁思永先生一生最重要的学术成就，也呈现出梁思成先生对中国考古学奠基人和开拓者的敬意。

1955 年 4 月 1 日，林徽因先生病逝，使梁思成先生失去了一位生活、事业和精神上的伴侣。经过一段时间的休养，他怀着沉痛的心情，在一个专用的小图板上亲手为她设计墓地。林徽因墓位于北京八宝山革命公墓，是一个水平方向伸展的墓碑，包括花岗岩石台、石棺和石碑，碑前嵌入汉白玉花环小样石板，并经批准将一幅林徽因先生为人民英雄纪念碑设计的纹样石刻浮雕作为墓碑的装饰。这组盛唐风格的莲花装饰，是林徽因先生在病床上花了很多时间和心血设计出来的图案。这样，就像他们一生中几乎所有的作品一样，又是一个梁思成和林徽因先生合作的作品。

林徽因墓

林徽因墓的墓碑由基、台、屋、顶层叠而成，轮廓清晰、造型端庄，各部分比例极为考究，细部制作也同样精致，顶部为弧形戗脊的庑殿顶，仿佛化身为一座高洁华美的宫殿。墓碑题额“建筑师林徽因墓”，这是梁思成先生在她教育家、诗人、作家等众多身份中，只选择了“建筑师”这个身份，给予她身份的终极定义。一位建筑师就是以这样的方式，向另一位建筑师，作了生死诀别。林徽因墓就是这样一个充满人间情感、饱含艺术智慧的优秀设计作品。

提出“新而中”的观点

1955 年，风云突变，建筑工程部召开全国建筑工作者设计及施工会议，批判“资产阶级形式主义和复古主义思想”，批判“铺张浪费”的设计思想。之后，各地建筑学会分会都进行了建筑思想学习，各报陆续“揭发”近几年来基本建设中的浪费情况和建筑设计中导致浪费的“复古主义”“形式主义”问题。梁思成关于《营造法式》的研究，被批判为无视阶级斗争，“歪曲了‘法式’的本意，阉割了‘法式’的精髓”。有的人认为摩天大楼、立交桥等现代城市元素是统领世界的新兴技术，而中国传统的大屋顶建筑则是劳民伤财，费工费料。

1955 年对梁思成先生“大屋顶”建筑思想的批判，其中的“罪证”之一，是他写的一本叫《祖国的建筑》的科普图书。在书的结尾他画了两张图，一个是 35 层的高楼，一个是十字路口的广场，都带有中国式的屋顶。梁思成先生解释道:“在这两张图中，我只企图说明两个问题：第一，无论房屋大小，层数高低，都可以用我们传统的形式和‘文法’处理；第二，民族形式的取得首先在建筑群和建筑物的总轮廓，其次在墙面和门窗等部分的比例和韵律，花纹装饰只是其中次要的因素。这两张图都不是任何实际存在的设计，只是形象处理的一种建议。我们在开始的阶段掌握了祖国建筑的规律，将来才有可能创造出更新的东西来。”

梁思成先生当时虽然没有设计过带有“大屋顶”的建筑，但是他的建筑思想、教学、文章，鼓励了很多建筑师如此实践，这是他被批判的主要原因。1955 年，对梁思成建筑设计思想的批判，在社会上造成了严重的误解，使人们误以为梁思成先生设计了许多带有大屋顶的建筑。尽管梁思成先生在理论上积极倡导“民族形式”，特别是他于 1950 ～ 1954 年撰写了一系列文章，包括《祖国的建筑》一书在内，都在提倡民族形式。但是，他倡导的民族形式并非只是“大屋顶”，甚至在他提倡的民族形式中，从未把“大屋顶”当作重点提出。

梁思成先生在 1950 年的《建筑的民族形式》一文里写道：“建筑师们对于本国的建筑毫无认识，把在外国学会的一套罗马式、文艺复兴式硬生生地搬到中国来。”他认为“寻找民族形式的途径，要从基本的平面部署和结构方法上去寻找”，并没有提“大屋顶”。“平面部署”是指中国建筑从南到北、从东到西都是院落式布局，应该从这里去找。“结构方法”是指传统建筑使用的木构架给新的建筑提供了无穷的灵活性，木构架和钢筋混凝土、钢架结构特征一致，所要探讨的是如何用新材料来表现。这两点才是他所追求的探索民族形式之路。

梁思成先生认为：“中国建筑的特征，在结构方面是先立构架，然后砌墙安装门窗的；屋顶曲坡也是梁架结构所产生。”“这是中国结构法的最大优点。近代有了钢骨水泥和钢架结构，欧美才开始用构架方法。现在我们只须将木材改用新的材料与技术，应用于我们的传统结构方法，便可取得技术上更大的自由，再加上我们艺术传统的处理建筑物各部分的方法，适应现代工作和生活之需要，适应我们民族传统美感的要求，我们就可以创造我们的新的、时代的、民族的形式，而不是盲目地做‘宫殿式’或‘外国式’的形式主义的建筑。我们不唯可以如此做，而且绝对应当如此做，而且自信可以创造出这个新形体。”

实际上，梁思成先生在20世纪50年代初期倡导“民族形式”，与复杂的政治因素相关，而并非一个单纯的学术问题。在他的影响之下，北京当时确实出现了一批“大屋顶”的房子，例如友谊宾馆、军委大楼、地安门军委宿舍大楼等。这些建筑遭到批判，却把梁思成先生作为罪魁祸首，这是不公平的。事实上，他并没有主张所有房子都盖“大屋顶”，在燕京大学、协和医院建成的时候，他还曾批评这是“穿西服，戴瓜皮帽”，并不赞成把民族形式生硬地加到新的建筑之上。

在我曾经工作过的北京市规划委员会，北侧是北京儿童医院建筑群，每天工作时都可以望到。这组建筑采用现代建筑形式，没有“大屋顶”，但是在建筑的檐角部位稍做起翘处理，使人联想起传统坡屋顶的韵味，建筑整体采用青砖墙面，使新建筑自然融入老城的传统氛围之中。对此，梁思成先生评价道:“这几年的新建筑，比较起来，我认为最好的是儿童医院。这是因为建筑师华揽洪抓住了中国建筑的基本特征，不论开间、窗台，都合乎中国建筑传统的比例，因此就表现出中国建筑的民族风格。”由此可见，梁思成先生并不是主张所有的房子都盖“大屋顶”。

在1957年清华大学建筑系举办的整风座谈会上，梁思成先生说:“我对建筑形式上有一个主导思想，即反对在北京盖‘玻璃方匣子’。我认为北京的建筑应有整体性和一致性。因为建筑从艺术的角度来说，有人把它比拟为凝固的音乐，所以需要先定一个音，然后使诸音和它取得和谐。北京是从旧城发展起来的，在城市里搞些‘玻璃方匣子’不合适。可是北京当时这种方匣子太多，很流行，我想用‘矫枉必须过正’的办法扭转一下，大力提倡民族形式。”事实上，对于“大屋顶”这个新名词，梁思成先生表示不理解。他在1957年的一次采访中说：“直到今天，我还搞不清‘大屋顶’的定义是什么！照一些人的看法，好像有脊、有坡、有檐、有点曲线的就是‘大屋顶’。”

为迎接1959年的中华人民共和国成立十周年大庆，北京拟建设“十大建筑”。清华大学建筑系师生组成工作小组以极大的热情参与了人民大会堂等国家一批重点项目建设工程的方案设计，在方案设计初期起到了一定的推动作用，也培养出了一批熟悉大型工程建筑设计的建筑师和专业人才。但是，由于受1956年建筑思想批判余波所及，建筑师们多少有些缩手缩脚，对建筑创作不敢放开。在讨论人民大会堂等国庆工程建筑形式的会议上，梁思成先生提出“新而中”的观点，也就是后来“中而新”的表述。他认为“新而中”的建筑是最可取的，他的这一设计思想也影响和体现在北京国庆十大建筑的部分设计中。

梁思成先生强调继承传统和吸收遗产不应只重视建筑形体，而应重视建立在人民生活习惯上的平面、空间处理、匠师实践中总结的艺术规律和中国建筑的气质。他所说的“中而新”，“中”的部分需要吸收内化之后再表现出来，而并不是仅仅像“大屋顶”这样一个外在的形式。然而，梁思成先生在历史文化底蕴之上，追求真正的现代建筑创新的学术观点，却一度被误解。早在1961年梁思成先生就指出：“由于每一座个别的建筑都是构成一个城市的一个‘细胞’，它本身也不是单独存在的。它必然有它的左邻右舍，还有它的自然环境或者园林绿化。因此，个别建筑的艺术问题也是不能脱离了它的环境而孤立起来单独考虑的。”

梁思成先生将中国新建筑艺术风格分为四类，一是中而新，二是西而新，三是中而古，四是西而古。这里中、新、西、古是指建筑设计方案中采用的中国现代建筑形式、西方现代建筑形式、中国古代建筑形式、西方古代建筑形式。虽然当时梁思成先生才初步明确提出“中而新”的理念，但是实际上这种理念一直贯穿于他的建筑理论与设计实践中，并予以始终不渝的坚守。“中”乃中华民族个性展现的文化基因遗传，“新”乃有序而可持续的现当代发展，无论“中”与“新”都不是孤立的，要有机结合，从而才能持续创造出“和而不同”的建筑文化生命力，这无疑是梁思成先生留给人类宝贵的建筑文化遗产。

扬州鉴真纪念堂

1963 年，中国和日本分别举办了鉴真和尚圆寂 1200 周年的盛大纪念活动。鉴真和尚曾 6 次东渡日本，虽双目失明而矢志不渝，在日本 10 年间不仅辛勤传法，而且把唐代绘画、书法、雕塑、医药、工艺、印刷、建筑等成就的文化带至日本，使魏晋以来中日两国人民互相友好的夙愿得以实现。为纪念鉴真和尚促进两国友好和文化交流的不朽贡献，中日双方决定在鉴真弘法的故土扬州大明寺内建设一座纪念堂。鉴真和尚在日本留下的最主要遗物，莫过于唐招提寺金堂。这座金堂，以唐开元、天宝时期中国佛殿为蓝本建造，虽然是日本建筑，但也可以说是中国建筑，是中日文化交流的结晶。

梁思成先生接受设计任务后，又对我国唐代建筑风格进一步梳理研究，决定仿照唐招提寺金堂的建筑形式纪念鉴真和尚，象征千余年来中日两国人民的友谊，也体现出 1963 年中日两国商定的精神。这样，不仅从意义上，而且建筑物本身也要成为中日友好的象征。鉴真纪念堂分为两

鉴真纪念堂全景旧照

组，一组为四松堂构成的清式四合院，南为纪念馆，北为门厅，由游廊周接，天井内有 4 棵古松，廊悬云板、木鱼，精舍巧建，清幽雅洁。另一组为仿唐式四合院，有纪念碑亭、纪念堂，再由抄手游廊将两座建筑周接，园内植佳兰芳卉，其中樱花为 1980 年鉴真大师像回故里探亲时，日本奈良唐招提寺森本孝顺长老所赠。这两组纪念堂一为清式，一为唐式，分之为二，但是同处一条中轴线上，又合之为一。

我国传统的纪念碑以竖碑为多，碑面光滑，天花饰边框，而鉴真纪念碑采用横式，周围边框突出，中间阴文镌字。这就打破了传统格局，在传统基础上创新，有时代感。正堂完全仿照日本招提寺主体建筑金堂样式，只是型制由七楹变为五楹。金堂是鉴真当年亲自设计的，保持了中国盛唐的建筑风格，又糅合了日本当时建筑的特点，纪念堂又仿照金堂，体现中日文化互相交融的特点。纪念堂坐北朝南，面阔五间，进深四间，四周高

鉴真纪念堂正殿旧照

大的台基上粗可两人合抱的檐柱为腰鼓状，柱头斗拱三重，线条浑圆飞动。正殿中央坐像为鉴真干漆夹像，结跏趺坐，合闭双目，神态安详。

梁思成先生专门撰写了《扬州鉴真大和尚纪念堂设计方案》一文阐释设计意图。依据梁思成先生的设计，1973 年鉴真纪念堂动工，1974 年竣工，包括纪念堂、回廊、碑亭与纪念碑，以及典雅古朴的环境设计。这是梁思成先生的建筑师职业生涯中最后一个大型作品，是完美建筑的典范。特别是对于历史环境营造表现得极为慎重，无论是场地范围的划定，还是与相邻主要建筑的尺度协调，以及院落空间的衔接过渡，甚至庭院绿植的高度、种类乃至品格的选择等，诸多方面都做出细致的考虑和推敲，得以在小尺度的用地面积内，设计出一座气势宏阔的纪念堂。以端庄雄健、古朴典雅的公共建筑品格，实现了场地纪念性空间庄重效果的营造，也表现出梁思成先生对中国古代建筑法则的熟练运用。可惜鉴真纪念堂建成之日，梁思成先生已经与世长辞。

1984 年，梁思成先生生前设计的扬州鉴真纪念堂荣获建设部全国优秀设计一等奖。鉴真纪念堂现状保存完好，2016 年入选首批中国 20 世纪建筑遗产项目。扬州鉴真纪念堂由特定任务要求所决定，成为梁思成先生一生中亲自设计的唯一带有所谓“大屋顶”的建筑。

“中而新”的建筑理念

纵观梁思成先生的建筑设计作品，均是根据具体设计语境，呈现多种类型、多元结构、多样形式，既有北京大学地质馆和北京大学女生宿舍这类现代主义建筑设计；又有国立中央博物院和扬州鉴真纪念堂这类中国传统形式的建筑设计；还有吉林大学教学楼和人民英雄纪念碑等探索将中国传统与现代建筑相结合的建筑设计，而且这类建筑设计作品数量居多。

梁思成先生一方面能够较全面地学习和接受西方近代建筑及城市规划思想；另一方面又深入研究和整理中国古代建筑，虽然这项工作在当时并不为建筑师们所重视，但是他却将其作为创造中国新建筑的基础。他曾多次强调：创造新的就需要认识旧的，只有认真研究了解中国古建筑的构架、组织及各部分做法，才能不至于落下抄袭外表皮毛之讥。梁思成先生认为“北平协和医学院、燕京大学、南京金陵大学，成都华西大学”这些欧美建筑师设计的建筑，是“仅以洋房而冠以中式屋顶而已”。他在《中国建筑史》中肯定了这一时代中国建筑师的一些建筑设计实践，包括吕彦直设计的中山陵，范文昭、赵深设计的南京铁道部、外交部，杨廷宝设计的谭延闿墓、中央医院等。

长期以来，梁思成先生一方面潜心进行古建筑研究，书写中国古代建筑史；另一方面，通过深入研究中国传统建筑的特征，努力创造出具有中国特色的新时代建筑。他探索中国古代建筑史，也是怀着新的建设愿景。因为他始终认为，虽然中国传统建筑往往是木结构，现代建筑是钢筋混凝土结构或钢结构，但是二者的框架结构基本原理是相同的。如果能够加以妥善结合，就能重整国故，再造文明。因此，他在探寻中国建筑之路的历史征程中，为复兴中国传统建筑文化奠定了坚实的理论基础，开拓出广阔的发展前景，也创造出杰出的“中而新”的建筑设计典范。

梁思成先生为中国建筑学术发展建立了不可磨灭的功勋，他的建筑设计作品是中国现代建筑学术史的重要文献。如今，重温这些建筑设计作品，依旧可以体会到他高超的设计技巧、深刻的思想内涵，以及火热的创作激情。通过阅读梁思成先生的建筑设计实践与理论，可以感受到广博、深刻与美好。他将建筑设计置于综合的经济、文化、社会的背景环境中进行思考，将每一项建筑设计均置于城市规划的相互关联中进行谋划，在建筑设计中对形式、比例、尺度、材质、节奏、韵律、色彩、装饰等方面进行综合把握。

梁思成先生认为欧美建筑形式大量移植到中国来，与中国历史性城市的固有环境不相协调，甚至喧宾夺主，影响中国城市的传统风貌。为此，他致力于综合西方的现代科技文明与中国传统文化，希望通过设计作品实现传统建筑与现代建筑相互融合，以创造出具有中国特色的新时代建筑文化。在他的建筑设计作品与思想中，始终贯穿着一条探寻中国现代建筑之路的主线，始终表现出坚定的文化自信，成为毕生的理想和目标。因此，梁思成先生的建筑设计，植根于祖国优秀建筑遗产的土壤、植根于强大的社会责任感、植根于对祖国和人民的热爱，这些建筑设计作品到今天仍然闪耀着跨越时空的光芒。

1959 年 5 月 18 日～ 6 月 4 日，建筑工程部与中国建筑学会在上海联合召开了住宅建筑标准及建筑艺术问题座谈会，全国设计单位代表就建筑理论中的一些基本问题，例如构成建筑的基本要素——功能、材料、结构、艺术形象及其相互之间的关系，建筑中形式与内容的问题，传统与革新的问题，进行了广泛的讨论。梁思成先生认为这次会议特别好，大家都解放思想，畅所欲言。他说:“我感到无比欢欣鼓舞。我相信这次会议对于全国的建筑界将要发生巨大的影响。它将推动我们的建筑创作向前飞跃一步。”他指出过去的批判令建筑师陷入苦闷的境界，“搞到他们又怕大屋顶，又怕西洋古典，又怕方盒子，真是左右为难”。

在座谈会上，梁思成先生拿出前一天晚上用圆珠笔工整写就的发言稿，以“从‘适用、经济、在可能条件下注意美观’谈到传统与革新”为题做了发言，言简意赅，发人深省。在谈到对于“适用、经济、美观”的认识时，梁思成先生认为:“我们也应该经常意识到:‘适用、经济’的标准不是固定不变的。随着社会生产力的发展，生活和生产方式之改变，生活之改善和日益丰富，‘适用’的要求就会越来越高，越来越多样化。随着社会财富之增长，‘经济’的水平也会不断提高。那就是说，‘可能条件’也是永远在改变着的。在不断改变的‘可能条件’下，人们对‘美观’的要求也将不断地改变。‘美观’的标准也将改变，要求于建筑艺术也必然越来越高了。”

在谈到“对于复古主义建筑思想批判”时，梁思成先生指出:“复古主义理论的错误，首先在于它把建筑的形式同内容割裂开来，又把各民族在历史发展过程中在各地方创造出来的各种建筑形式认为是种种永恒不变的东西，可以任意套在任何内容上。”“这一种折中主义的建筑是15世纪文艺复兴开始以来，随着资本主义的兴起没落而发展到一个没落阶段的建筑流派。折中主义者把建筑的形式和内容完全割裂开来，随着业主的爱好把任何一种古代的形式生吞活剥地套用或是把若干种古代的形式七拼八凑在一起，贴在建筑物的外表上。”

在谈到“国庆工程所表现的民族风格和过去的折中主义的区别”时，梁思成先生指出：“折中主义和我们的民族风格主要的不同是在思想内容上的不同，在本质上的不同。折中主义是把古代遗产抄袭搬用，拼拼凑凑；而我们是承继并且发展古代的优良传统。传统和革新是矛盾的两个对立面，其中主要的一面是革新。我们不是抄袭搬用，而且批判地吸收，是在传统的基础上革新。在革新的过程中，旧的有所破，新的有所立。在破与立的过程中新的就产生出来了。在这些国庆工程中，我们所看到的民族风格的表现很少是能够在古建筑里边找到完全一样的东西的。但这也不等于说我们在一定情况下，不可以采用一些改变得少的乃至没有改变的形式。”

梁思成先生强调：“善于利用地形的优良传统，是我们建筑设计中很好的借鉴。”“根据大自然的规律和人们审美的要求，历代造园的匠师也摸出了不少规律。他们知道什么样的山应该配什么样的水；什么样的地方种什么样的树；什么位置上宜于建立一个亭子；什么样的地方又该造一座楼；什么样墙上开什么样的窗；什么样的窗子配什么样栏杆；什么样的院子墁什么样的地；等等，等等……这一切一切，都很值得我们研究学习。”

梁思成先生进一步强调：“历史事实证明，大屋顶以及我国古建筑的各个部分和各种构件就从没有停留在一个固定的形式上。我们几千年来就在不断地改进它。在汉阙中，敦煌壁画里，我们看到从两汉南北朝以来，唐、宋、元、明、清各个时代的大屋顶和各构件的样式都是在改变的。每个时代都有所不同。到今天，材料结构已有所改变，而美观上又有需要，我们就可以改它。但是，由于目前我们自己思想水平、业务水平的限制，不得已而模仿一些旧东西，也是发展过程中不可避免的。这样的采用，态度是积极的，是和折中主义的不假思索的抄袭搬用有本质上的区别的。”

梁思成先生的研究成果在很多方面预见了此后的中国建筑设计观，以及城市规划原则。梁思成先生曾指出：“自 1928 年起，中国营造学社就开始调查、研究全国各地区、各时代的建筑历史、型类、结构、雕饰，等等方面，搜集资料有照片一万三千余张，实测图三百余种，曾在该社汇刊陆续发表，对于创造建筑的民族风格是能有很大的帮助的。就如同我们的生活不应脱离群众，我们的新建造也不能脱离中国生活习惯。”中国传统木结构建筑中模度和比例的运用，是建筑营造中兼顾效率和美学的重要智慧，这才是他希望在民族形式中加以继承和发展的东西，而不是外在的屋顶形式。

长期以来，梁思成先生始终认为，建筑既然是一种特殊的艺术，就应该有自己本地域本民族的特征。因此他提出“社会主义内容，民族的形式”，就是他后来提出的“中而新”，形成了一种既不妄自尊大也不妄自菲薄的学术自觉，展现出开阔的国际视野。“中而新”的建筑理念贯穿梁思成先生规划、保护、建筑思想的主线。这一理念源于他对中国建筑史的长期深入钻研，以及对世界建筑发展趋势的清晰认知。梁思成先生并不仅是一个建筑理论家、思想家，他一生都致力于建筑创作实践，从他的城市理想到建筑创作，甚至小到一个图案的设计，都表现出卓越的前瞻性和创造性。其间有多次建筑风格的转换，从折中主义到现代主义，到后来走上对“中而新”的探索之路。

“中而新”，这是重要的建筑思想，但是60多年来，这一建筑思想并没有得到深入研究，非常令人遗憾。近些年，伴随传统文化在中国的整体性复兴，一些在中国文化底蕴上具有探索性的建筑师及其作品开始被重视。在为数不多的实践者中，梁思成先生的学生张锦秋院士在西安等地设计了一系列传统唐风与现代建筑相融合的建筑，形成了一种特有的传统建筑风格，为广大民众所喜爱和赞扬。

美国路易维尔大学教授赖德霖对梁思成先生的建筑理念颇有研究，他认为梁思成先生是最早通过实践将“建筑可译论”总结成理论的学者，其建筑理念对当时一批建筑师的启发不容忽视，例如张镈先生主持设计的西郊宾馆，梁思成先生提供了重要的设计思路。西郊宾馆于1956年改名为北京友谊宾馆，在宾馆的庭院内，四处都是绿荫，充满园林风情，再加上“大屋顶”式中西合璧的大体量建筑，呈现出当年新旧交替时代的重要建筑特色。赖德霖说：“梁思成变成了一个中国建筑文艺复兴的代表人物，大家不一定按照他的脚步去走，但不可避免地要朝着他指的方向去走。他本人不一定是后辈追寻的目标，但他永远是中国建筑师和学者们探索现代中国建筑之路过程中的一个坐标。”

2001年，郑孝燮先生在中国紫禁城学会会刊上发表《纪念学术巨人梁思成先生百岁诞辰》一文，指出：“二十世纪，梁公这位学术巨匠始终不渝地提倡‘中而新’的建筑创作观。同时他和林徽因还形象地提出‘学中文’，意思是只有学懂中国建筑历史，才能知己知彼，作好有中国自己特色的建筑创作。总之，历史是根本，历史是一条斩不断，把过去、现在、未来连起来的长河，建筑的创作实践要有理论，而理论的根基必定离不开对建筑历史的研究。显然，‘中而新’是不割断历史根脉的现代创作实践之路。”

肆

《中国建筑史》
——要写中国人自己的建筑史

梁思成先生及其中国营造学社同仁们
基本上弄清了中国古建筑的历史脉络，
同时也基本上掌握了历代建筑实物资料，
并以章节体的近代书写形式，
寓论于史，史论结合，
使《中国建筑史》成为中国历史建筑保护的信史依据。

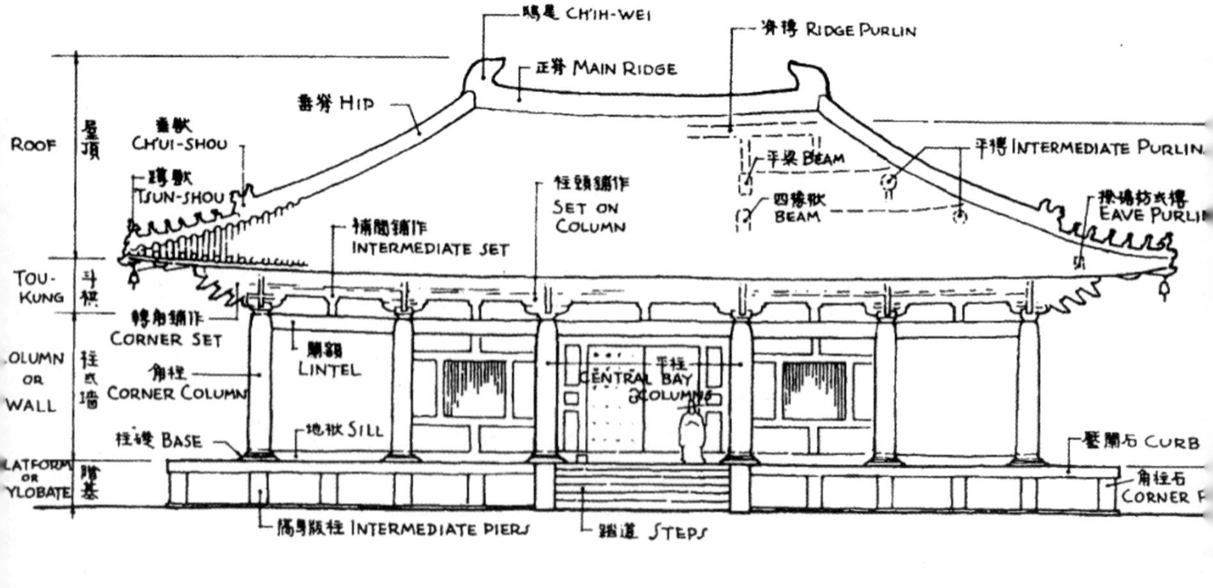

梁思成先生是中国建筑史研究的奠基者。

作为中国建筑界第一代杰出的建筑学者，梁思成先生取得了多方面的学术成就。但是，实际上他并没有把精力过多地投入到建筑设计领域，而是集中精力从事中国古建筑史研究，将之作为治学研究的方向，开启了一条充满荆棘而又硕果累累的中国建筑文化探索之路，最终成为他所涉猎的所有方面贡献最突出的一个领域，尤其是首次发现了一大批唐宋以来的重要古建筑实例。如今，重走梁思成古建之路，仍然能够感受到他对祖国文化的无限热爱，对学术研究的满腔热忱。

中国人一定要写出自己的建筑史

在美国宾夕法尼亚大学建筑系学习期间，除了建筑设计以外，梁思成先生对建筑史及古典装饰饶有兴趣，课余经常在图书馆翻资料、做笔记、临插图，他绘制的古代建筑手稿，无不严谨端庄。在每日的熬更守夜、读书绘图之余，他还选修了 A.H. 古米尔教授为二年级学生开设的建筑史课程，沉浸于历代大师与匠人们铸就的伟大作品之中，大为触动。上了几堂课后他找到古米尔教授，表示他非常喜欢建筑史，从来不知道世界上有如此有趣的学问。当古米尔问及他中国建筑史的情况时，他回答说，据他所知，中国还没有建筑史专著。

从这时开始，梁思成先生逐渐认识到古代建筑是民族文化的结晶，开始对建筑史这门学科产生了浓厚的兴趣。在学习西方建筑体系的同时，他看到公元前 23 年就有维特鲁威的《建筑十书》，对古希腊、古罗马建筑进行了系统的总结，成为一部重要的建筑学著作。同时，埃及以及欧洲诸国均对古代建筑进行系统整理，拥有历史脉络清晰、体系完备的古代建筑史研究著作，而中国这个历史悠久的文明古国，竟然没有自己权威的建筑史著作。他深深感到这是民族的耻辱，所以下定决心：中国人一定要研究自己的建筑，中国人一定要写出自己的建筑史。

1927 年 6 月，梁思成先生获宾夕法尼亚大学建筑系硕士学位之后，决定再入哈佛大学研究生院艺术史专业读研究生，研究中国古代建筑。他准备完成博士论文《中国宫室史》，导师为 L. 华尔纳教授。哈佛大学当时的参考书籍只有日本与西方学者研究中国古代建筑与艺术的调查成果。他用了 3 个月的时间，系统阅读了所有能找到的有关中国建筑的资料后，发现利用这些资料不可能完成博士论文，必须回国实地调查，寻找中国古代建筑，收集资料。于是，他与导师商定回国实地调查古代建筑，两年后再提交博士论文。

1928 年 9 月回国后，梁思成先生在沈阳东北大学创立建筑系，担任建筑系主任。在讲中国建筑史时，梁思成先生感到很被动，因为没有中文的建筑史，只能用日本的关野贞、德国的 E. 鲍希曼等外国人的材料。当时，日本与西方相继出版了一些介绍中国建筑的专著与文章，但是梁思成先生在教学中深感这些外国人并不熟悉中国历史和中国文化，也不了解中国建筑构造特点，因此难免存在诸多牵强附会的内容。

1929年，梁思成、林徽因测绘沈阳北陵

梁思成先生认为，在教学中他有责任向学生们正确介绍中国建筑。于是一到暑假，他就开始进行中国古代建筑的田野调查，并开展了对沈阳北陵等古代建筑的测绘，积攒中国建筑史的教学和研究资料。同时，梁思成先生的学术素养和对造型艺术特有的敏感，使他对雕塑有独到的心得与见解，因此在对中国古代建筑的调查报告和教学中，他加入了古代雕塑的内容。

中国有着历史悠久的传统建筑文化和营造技艺。但是在封建社会，一方面匠人的社会地位很低，限于文化程度，难以将经验总结为可以世代相传的文字，从而束缚了建筑的发展。另一方面，历代学者在文化领域专注于诗文书画，而往往将建筑视为“匠作之事”，认为其不能与传统文化艺术相提并论，也较少有人系统研究中国建筑历史。与之相反，当时一些外国机构和学者开始从事早期中国建筑史的研究。

英国人 B. 弗莱彻的《比较建筑史》出版于 1896 年，是具有广泛影响的世界建筑史权威著作，并多次增补再版。从 1901 年的第四版开始，在很长的历史时期内，书中均将西方建筑描述为“历史性风格”，而将包括中国建筑在内的东方建筑归入“非历史性风格”，体现出当时在建筑学领域的“西方中心论”立场。该书中曾印有一幅引人争议的“世界建筑之树”图，显示该树由地理、地质、气候、宗教、社会、历史的土壤滋养，主干为西方建筑，中国、印度、亚述等东方建筑不过是人类早期文明的一个次要分枝，而且在早于古希腊的时代就停止了生长。

这幅“世界建筑之树”图，代表了西方在殖民主义时期扭曲的历史观。西方在工业革命之后，主导了新一轮全球化，以坚船利炮轰开中国的大门。《比较建筑史》显示的正是西方主流意识形态，在“世界建筑之树”图上抹杀了中国古代建筑的辉煌。在西方建筑学一统国际建筑学界的情形下，日本建筑学家及相关研究者持续开展中国古代建筑的调查。

1901 年，也就是梁思成先生出生之年，日本学者伊东忠太一行受日本内阁派遣，在八国联军占领北京之际，对紫禁城进行了拍摄与测绘。这是紫禁城乃至中国建筑，第一次接受近代建筑学意义上的调查，却是发生在中国被侵略的背景下。受伊东忠太影响，一批日本学者加入进来，欧洲学者紧随其后，他们携带照相器材，在中国内地进行古代建筑实地测绘与考察，取得了图文并茂、数量可观的成果，并以著作、文章、图版等方式发表成果，使世人第一次对中国建筑遗存有了较大范围的直观认识。

这一时期，一些外国学者研究中国建筑的著作相继出版。其中包括 1923 年出版的德国学者鲍希曼的《中国的建筑与景观》；1925 年出版的鲍希曼的《中国建筑》（两卷），收入 566 张照片、103 版测绘图、8 幅速写、2 幅地图，对中国古代建筑遗存做出分类；1925 年出版的伊东忠太与关野贞合著的《东洋建筑》；1928 ～ 1929 年出版的伊东忠太、关野贞与塚本靖合编的《支那建筑史》（上、下卷），精选各类图片 364 张，堪称日本学者的成果总汇，以少量西方学者的图片为补充，显示其欲建立中国建筑史研究体系的企图；1930 年出版的瑞典学者喜龙仁的《中国早期艺术史 · 建筑卷》等。

上述研究中国建筑的著作，并没有勾画出中国古代建筑发展的整体面貌，更没有阐释出其内在实质。同时，日本学者又提出“东洋建筑学”理论体系，并断言中国国内已经没有唐代木构建筑遗存，而以日本保存的飞鸟时代古建筑作为研究所谓东洋建筑的“祖本”。如果想看唐代建筑，只能去日本的京都和奈良。这番言论，无疑是对中国学术界的嘲讽。1931 年，伊东忠太在《支那建筑史》的开篇即言：“兹所谓中国建筑之历史，乃专由艺术方面观察者，非由材料构造等土木的方面观察者。即叙述关于中国建筑艺术之一般概念者也。”这就是伊东忠太对于中国建筑史研究的局限。

对于欧洲学者的一元化史观和日本学者的认识局限，需要通过中国建筑史的研究填补空白，特别是与以伊东忠太、关野贞为代表的日本学者展开一场学术研究竞赛，就如同一场没有硝烟的文化战争。对此，梁思成先生深感忧虑：“我相信如果我们不整理自己的建筑史，那么早晚这块领地会被日本学术界所占领。作为中国建筑师，我不能容忍这样的事情发生。”

在这样的背景下，梁思成先生感到在东北大学任教并不是他的终极志向，他决定亲自去寻找国内现存的古代建筑。他认为：“中国建筑史一定要由中国人来写。”于是 1931 年 6 月，梁思成和林徽因先生一起来到北京，加入了中国营造学社。朱启钤先生领导的中国营造学社开启了对中国建筑的系统考察研究，反映出中国在文化与历史认知上的觉醒，而建构一部科学意义上的《中国建筑史》的任务，也历史性地落在中国营造学社的肩上，梁思成先生则是为捍卫中国建筑文化尊严而敢于冲锋陷阵的勇士。

着手古建筑调查

1932 年 4 月，梁思成先生在当时交通极不便利的蓟县（今天津市蓟州区），对独乐寺开始进行测绘研究。这是梁思成先生进行古建筑调查的起点。当时，日军已经威胁平津，梁思成先生怀着责任心与紧迫感，带着行李铺盖，背着借自清华大学的测量仪器设备，与助手邵力工、弟弟梁思达一起来到蓟县，对独乐寺进行了实地系统的考察。他们首先发现了建于 1000 余年前的辽代建筑观音阁与山门，这是当时所知道我国最古老的木结构建筑。梁思成先生对这两座古建筑进行了仔细的测绘，短短两个月内完成了独乐寺观音阁及山门的 7 张测绘大图、19 张小插图和数万字的调查报告《蓟县独乐寺观音阁山门考》，这是中国历史上第一次古建筑专业科学考察。随后，1932 年 6 月他又调查了河北宝坻县（今天津市宝坻区）广济寺三大士殿，并发表调查报告。这是梁思成先生继蓟县独乐寺之后发现的又一座辽代建筑。

1932 年 4 月，梁思成、林徽因等前往蓟县独乐寺考察

1932年6月，梁思成先生应聘为国民政府中央研究院历史语言所通讯研究员并兼任研究员。1932~1937年是梁思成先生进行古代建筑田野调查的繁忙时期。在短短几年中，他与中国营造学社同仁们调查了137个县市，1823座古建筑，详细测绘了其中206组，完成测绘图稿1898张，这是中国古代建筑研究史上的一座丰碑。其中1933年3月，梁思成先生与中国营造学社同仁们调查河北正定县隆兴寺及正定古建筑。1933年9月，梁思成、刘敦桢、林徽因、莫宗江一行赴山西大同调查上下华严寺、善化寺、云冈石窟等，发表《正定古建筑调查纪略》《大同古建筑调查报告》《云冈石窟中表现的北魏建筑》等论文，并对这些古建筑做了详尽的分析鉴定。

梁思成先生计划在大同的工作结束之后，去应县考察佛宫寺释迦塔。但是当时交通不便，只怕千里迢迢跑到应县见到的只是一堆废墟，或是明清重修的塔，于是梁思成先生写了一封信给应县的照相馆，请他们拍一张应县木塔的照片。收到照片后，他兴奋不已，于是在完成大同的古建筑考察之后，他们一行即前往应县考察佛宫寺释迦塔、浑源县悬空寺。佛宫寺释迦塔又称应县木塔，始建年代被普遍认定为辽清宁二年（1056），为中国硕果仅存的纯木结构千年古塔，同时也是全世界最高的木塔，在中国建筑史上具有独特地位，在世界建筑史上也具有无与伦比的价值。

梁思成和莫宗江先生对应县木塔进行了两周的详细测绘。1935年他们又再次赴应县补测了第一次疏漏的部位。他们是最早对应县木塔及其塑像进行较全面测绘研究的学者，他们合作完成的一系列应县木塔测稿及正式剖面图中，均同时绘制了建筑与塑像。除首层大佛由于建筑高大无法实测而仅靠推测之外，对其余各层的塑像均进行了实测，直到1935年底才完成了全部图纸和调查报告。遗憾的是由于抗日战争的爆发，图纸和照片残损和丢失严重，《山西应县佛宫寺辽释迦木塔》一文则直到2007年才正式出版。

梁思成先生从“沧州狮子应州塔，正定菩萨赵州桥”这首歌谣中找到了赵州桥。1933年11月，他与莫宗江先生赴河北赵县对赵州桥进行了考察，鉴定赵州桥为隋朝工匠李春主持建造，距他们考察时已有1300多年的历史，是世界上最古老的、保存最完好的敞肩桥。调研时梁思成先生看见赵州桥那危在旦夕的龙钟残疾老态，不禁为之黯然怅惘。临别之际，他还恋恋不舍，“唯恐同这座已经度过了一千三百多个寒暑的古桥，一别即成永诀”。随后，梁思成先生发表了《赵县大石桥即安济桥》。

1934年夏天，应美国学者费正清、费慰梅的邀请，梁思成夫妇到山西汾阳避暑。之后他们4人借助毛驴车、小平车的帮助，调查了汾阳、太谷、文水、孝义、平遥、介休、灵石、霍县、赵城、洪洞、太原等晋中地

1933年11月，梁思成、莫宗江考察河北赵县赵州桥

区 13 个县的古建筑，并且首开民居考察。回到北平以后，梁思成先生与林徽因先生合作写出考察报告《晋汾古建预查纪略》，对晋汾地区古建筑进行了简明扼要的介绍。其中谈到“由全部的布局上来看，山西村野的民居，最善利用地势，就山崖的峻缓高下，层层叠叠，自然成画！使建筑在它所在的地上，如同自然由地里长出来，权衡适宜，不带丝毫勉强，无意中得到建筑术上极难得的优点”。在考察报告中，还专门列有“山西民居”，记录有穴居、砖窑、磨坊、农庄内民居、城市中民房等。

1934 年 10 月，梁思成、林徽因先生应浙江省建设厅的邀请到杭州商讨六和塔重修计划。他们对六和塔进行了现场勘探和测绘，并调查了灵隐寺双石塔及闸口白塔。调查结束回到北平以后，梁思成先生写成《杭州六和塔复原状计划》和《浙江杭县闸口白塔及灵隐寺双石塔》。其中以杭州六和塔修缮为契机，系统运用“保持现状，恢复原状”的古建筑修缮理念，以现状调查为基础，通过历史文献比对，时代相近建筑、地域相近建筑比对，类型相近建筑比对，进行综合研究推断，确定古建筑修缮方案。

杭州古建筑调查结束后，梁思成先生一行又赴浙江的 6 个县进行了大量的古代建筑调查及研究工作。他们赴浙江宣平县调查延福寺，确定延福寺建于元泰定三年（1326），同时又在浙江金华天宁寺发现一座元代大殿。回程中路过江苏吴县、南京，又调查了甪直保圣寺、南京栖霞寺石塔及梁萧景墓等。他们所关注的建筑类型非常广泛，不仅包括地面的木构建筑、砖石塔幢，还将石窟、桥梁、堰坝和墓葬等建筑类型也纳入了研究范围。其中对墓葬的关注，也不限于地面墓阙和地下墓室中的仿木构建筑形象，而是对墓室本身的营造方式、空间划分、雕饰彩画等内容均予以深入的考察，可见其学术视野之广阔。

1935 年 5 月，梁思成先生的弟弟、考古学家梁思永先生在河南安阳侯家庄主持考古发掘，共发现大墓 10 座，小墓千余座，发掘规模之宏大，考古收获之丰富，在国内可谓空前。梁思成先生对考古一直有着浓厚的兴趣，因此他赴安阳观察考古成果，并调查安阳的古建筑。1936 年梁思成先生应中央古物保管委员会邀请，拟定赵县大石桥修葺计划，并赴赵县复勘桥基结构。

1936 年，梁思成先生与莫宗江、麦俨增同赴山西晋中，对古建筑做了详细的测绘调查。随后，梁思成先生一行赴河南调查龙门石窟、开封宋代繁塔、佑国寺铁塔及龙亭，又赴山东调查中部 19 个县古建筑，包括山东历城神通寺的隋代四门塔、泰安岱庙、济宁的铁塔寺北宋铁塔等。1936 年冬，梁思成先生调查山西和陕西 19 个县古建筑，主要调查测绘西安市的大雁塔、小雁塔、香积寺塔、咸阳周文王陵、武王陵、唐代顺陵，以及兴平县（今兴平市）汉武帝陵及霍去病墓等。1937 年 6 月，梁思成先生赴陕西调查西安和耀县（今桐川市耀州区）古建筑，并应邀做西安小雁塔的维修计划，还为西安碑林保护工程做了设计。随后，对西安化觉巷及大学习巷清真寺做了详细测绘，并对玄奘塔、秦始皇陵进行调查，最后赴耀县进行药王庙调查。

梁思成先生曾在他的古建筑调研报告中说："旅行的详记因时代情况之变迁，在现代科学性实地调查报告中，是个必要部分。"当时确有"一些人怎么也不明白，这几个死心眼的建筑师，宁肯放弃他们设计建造洋房的大好机会，而是卷起铺盖到各处测绘那些几百年前的古代建筑"。梁思成先生称此种实地调查方法为"笨人下的笨功夫"。事实表明，这样的路径完全正确。

梁思成先生是一位建筑学家，更是一位爱国主义者。在日本侵略者占领了东北，长城上烽烟滚滚，时局迷茫的战争前夕，他愈发感到时间的紧迫，他担心一旦战争爆发，我国的这些珍贵文化遗产将可能毁于一旦。

梁思成先生深刻地认识到，古代建筑是中华民族文化的结晶，他希望尽自己最大的努力，在战争爆发前完成对华北、中原地区古代建筑的调查工作。于是，他带着紧迫感，与中国营造学社同仁们不畏艰苦，不顾自身安危，马不停蹄地在中华大地上苦苦寻找和勘察古代建筑。他们历经 5 年时间，乘着大车，骑着驴骡，长途颠簸，跋涉于荒草萋萋的古道，奔走于太行山间，寻找千百年前的古建筑遗构，寻找中华民族的文化记忆和悠久历史的实证。他曾经说过："别人都把自己的宝贝藏在家里，我的宝贝放在全国各地。"

发现唐代木构建筑——佛光寺东大殿

进入 1937 年，梁思成先生已经调查了许多地区，有了不少重要发现，但是最早的木构建筑仍然是蓟县独乐寺、应县木塔等宋辽时期的建筑。他始终有一个信念，相信在国内肯定还有唐代的木构建筑存在。当他第一次阅读《伯希和敦煌石窟图录》时，注意到第 61 号窟的五代壁画《五台山图》中的大佛光之寺。他又在北平图书馆的《清凉山志》中读到了佛光寺的记载。1937 年 6 月，由梁思成、林徽因、莫宗江、纪玉堂 4 人组成的中国营造学社调查队，前往山西僻远山区寻访。1937 年 7 月 7 日，卢沟桥事变爆发当天，梁思成先生一行刚刚发现了保存完好的唐代大型木构建筑——佛光寺东大殿。

梁思成先生一行开始测绘佛光寺东大殿时，唯恐有遗漏或错失，希望获得确实建造年代。通常殿宇的建造年月多写在脊檩上，这座大殿因为有

“平闇”顶板，梁架上部结构都被顶板隐藏，只能靠檐下空隙攀爬进去。如此工作了几天，才看见殿内梁底隐约有墨迹。但是梁底离地两丈多高，光线又不足，各梁的文字，颇难确辨。为了求得题字的全文，只得募工搭架，筹划了一天，才支起一架，把布单撕开浸水互相传递，又用了三天时间，才得以读完题字原文。

佛光寺正殿梁下的唐代墨迹题字及殿前经幢的题刻，是关于这座殿的重要史料，由此获得了大殿确实的建造年代。经过详细的调研、测绘，最终得出结论：佛光寺建造于唐代大中十一年（857）。佛光寺东大殿建筑结构异常珍贵，除建筑形制的特点外，殿内尚存唐代塑像30余尊，以及唐代和宋代壁画数幅。梁思成先生从山西五台发出电报，正式宣布中国营造学社调查组发现唐代建筑。

佛光寺东大殿的发现，为中国建筑史科学建构提供了扎实充分的早期依据，也打破了日本学者对中国大地上不存唐代木构建筑的断言，具有划

佛光寺东大殿全景旧照

时代的意义。此前，日本建筑史学者关野贞以异常肯定的口气宣称：“中国全境内木质遗物的存在，缺乏得令人失望。实际说来，中国和朝鲜一千岁的木料建造物，一个亦没有。而日本却有三十多所一千至一千三百年的建筑物。”这一判断，建立在日本与西方学者对中国古建筑长达 20 多年的调查基础之上，却因佛光寺东大殿的发现，遭到颠覆。

在那个战火纷飞的年代，佛光寺东大殿这一唐代木构建筑的发现，堪称里程碑式的成果，极大地鼓舞了人们捍卫中华文化的信心和决心。在佛光寺工作完毕后，他们又到台怀、繁峙、代县调查了十几处建筑。梁思成先生一行在赴太原途经榆次时，发现了永寿寺雨花宫，经调查证实雨花宫建于宋大中祥符元年（1008），为北宋木构建筑的重要实例。此时听说卢沟桥事变爆发已经 5 天，他们不得不终止在华北实地考察古建筑的计划，立即赶回北平。在战火纷飞的岁月，这场古建筑考察之旅更显得无比珍贵，成为特殊年代不朽的学术传奇。

川康地区古建筑调查

梁思成夫妇回到北平，看到军队已经在他们家的胡同口挖了战壕，北平的政府机关已经开始疏散、撤退。梁思成和林徽因先生曾在平津各大学及文化界人士发起的《平津文化界对时局的宣言》上签名，向国民政府、行政院、军事委员会提出抗日救亡八项要求，自然不能留在沦陷区。随着卢沟桥事变爆发，日本全面侵华，中国营造学社被迫停止工作。正当梁思成先生处理中国营造学社暂时解散的事务时，忽然收到署名“东亚共荣协会”的请柬，邀请他参加会议。他知道日本人已经注意到自己，要想不当汉奸，必须立即离开北平。

1937年9月，梁思成和林徽因一家告别古都北平，赴天津将中国营造学社的重要资料全部存入天津英资麦加利银行保险库中。全家只带了一些随身换洗的衣服，经青岛、济南、徐州、郑州、武汉到达长沙，路上历经艰险，于1938年1月中旬，辗转抵达云南昆明。经过几个月的颠沛流离，到昆明后，梁思成夫妇都深受疾病的困扰。梁思成先生因扁桃体发炎，年轻时车祸导致的背伤后遗症加重，加上吃药治疗副作用的影响，卧病在床长达近一年时间。林徽因先生的肺病也严重起来，来到位于高原的昆明后，缺氧的环境也对病情十分不利。从此，她的健康状况时好时坏，一直没有恢复。

不久，刘敦桢、刘致平、莫宗江、陈明达等先生也先后来到昆明，梁思成先生与中国营造学社的骨干们一起，以昆明为基地，克服了巨大的困难，使因战争被迫暂停活动的中国营造学社得以复社。社址最初设在昆明循津街止园。因敌机对昆明的轰炸日益频繁，又因研究工作必须依靠中央研究院历史语言研究所的书籍资料，社址随历史语言研究所迁往昆明郊区龙头村，租用兴国庵作工作室，工作和生活条件十分艰苦。但是，他们在艰苦条件下仍然继续开展古建筑调查与研究工作。他们由昆明及周边入手，调查了圆通寺、东寺塔、西寺塔、鸣凤山金殿等一系列重要的古建筑。

1938年5月，受云南大学校长的邀请，梁思成和林徽因先生承担了云南大学映秋院等的设计任务。几乎在同时，清华大学校长梅贻琦也代表西南联合大学聘请梁思成作为工程师，帮助设计学校简朴的新校舍。这一时期，他们还完成了昆明市郊龙泉镇自宅等几处建筑设计实践。在这些建筑活动中，梁思成夫妇前所未有地对西南建筑的地方特征及各地民居建筑投入特别的关注，研究其价值及其在当代中国建筑设计中的借

昆明兴国庵中国营造学社旧址

鉴意义。而此前中国营造学社的研究更关注宫殿、祠庙、塔幢等经典建筑，较少留意民间建筑。1939 年，国立中央博物院聘请梁思成先生担任中国建筑史料编纂委员会主任，四川省古物保存委员会聘请梁思成先生担任委员。

1939 年 8 月，梁思成先生的病情有所好转，就与刘敦桢、莫宗江、陈明达先生一行由昆明出发，开始对四川与西康地区的古建筑进行为期 6 个月的详细考察。由梁思成先生带领一队，刘敦桢先生带领一队，至 1940 年 2 月，行期近半年。他们往返于岷江和嘉陵江沿岸、川陕公路沿线，考察足迹涉及四川 37 个县、云南 16 个县。川康地区的古建筑调查是中国营造学社最后一次大规模野外调查。

由于四川省的古代木构建筑多为明清遗存，因此他们调查的重点是崖墓、汉阙、摩崖石刻等 730 余处，特别是除调查嘉定、彭山等地崖墓之外，又在迁徙和考察中发现了叙永、泸县、犍为、内江地区的崖墓，并

1940 年，梁思成考察大足北崖佛湾摩崖造像

对部分崖墓进行测绘，通过这些工作，他们认识到四川地区崖墓中仿木构石刻建筑装饰对于研究汉代建筑的重要意义，搜集了大量资料，在破庙中绘图，在油灯下写作。云南地区古建筑的保存状况较差，但是由于地处边远，很多明清时代建筑在构造做法上依旧保存着唐宋时代的手法，可供研究参考。

梁思成先生在《中国营造学社汇刊》复刊词中写道："在抗战时期，我们在物质方面日见困苦，仅在捉襟见肘的情况下，于西南后方做了一点实地调查。但我们所曾调查过的云南昆明至大理间有十余县，以及西康至雅安、虞山二县，其中关于中国建筑工程及艺术特征亦不乏富于趣味及价值的实物。就建造类别论：我们所研究的有寺观、衙署、会馆、祠、庙、城堡、桥梁、民居、庭院、碑碣、牌坊、塔、幢、墓阙、崖墓、券墓等。就建造艺术方面而言，西南地偏一隅，每一实物，除其时代特征外，尚有其他地方传统特征值得注意。此外如雕塑、摩崖造像、壁画等附艺，在我们调查范围者，多反映时代及地方艺术之水准及手法，亦颇多有趣之实例值得搜集研究。”

从 1932 年 4 月至 1940 年 2 月，梁思成先生与中国营造学社的同仁们，先后踏遍中国华北、华东、西南等地 15 个省 220 多个县，在那个兵荒马乱的年代，他们陆续调查、测绘和拍摄了 2000 多座历代保留下来的古建筑，在有限的时间里收获了大量重要成果，包括唐、宋、辽、金的木结构殿、堂、楼、塔等近 40 座，砖塔数十座。他们陆续将考察结果写成文章发表，基本梳理出中国古代建筑的发展脉络，并成为日后注释《营造法式》和编写《中国建筑史》的基础。这一期间，梁思成先生还在重庆中央大学做了题为“中国传统建筑的发展及特点”的系列讲座。

完成《中国建筑史》

在川康的田野调查中，恶劣的气候与生活条件、中国营造学社经费的缺乏以及战争的影响，都对实地考察工作造成了严重影响。加上林徽因先生身体每况愈下，只剩梁思成先生撑起整个团队研究与家庭生计。然而，即便面对如此贫病交加的现实，他也未曾想要半途而废。但是，随着日军飞机对后方的轰炸越来越频繁，中央研究院被迫迁往四川南溪县（今宜宾市南溪区）李庄，中国营造学社因必须依靠中央研究院的图书，也不得不于 1940 年 11 月随中央研究院迁往李庄。

在李庄，梁思成和林徽因先生在病情稍有好转以后，就开始梳理、总结和编纂此前中国营造学社外出勘察测绘的大量资料。他们首先要将存放在天津英资麦加利银行保险库中但是不幸因浸水而损毁的图纸资料重新绘制、整理一遍，然后将重新绘制的地图和研究成果，结合使用当时先进的幻灯胶片技术，以照相制版形式保存。在他们新绘制的建筑图画上，还要附上中英文的写作说明，这些也将作为他们准备出版的《中国建筑史》和英文版《图说中国建筑史》的资料内容。

1940 年，李庄先后迎来了同济大学、中央研究院、中央博物院、中国营造学社等十余家高等学府、科研机构迁驻，科学家、文化学者云集于此。抗日战争时期深处大后方的李庄镇，与重庆、昆明一道，成为全国重要的文化中心。在李庄，梁思成先生痴迷于具有地域特色的古建筑，与林徽因先生一起，走遍了镇上的历史街巷，席子巷、羊街、广福街等各有特色。街巷两侧有不少深宅大院。其中建于明代的旋螺殿，为全木穿斗结构，梁思成先生称赞其“梁柱结构之优，颇足傲于当世之作”，并将旋螺殿等写入自己的著作，又将其与祥云白鹤窗、奎星阁、九龙石碑合称“李庄四绝”。

梁思成、莫宗江在四川李庄中国营造学社工作室绘图

中国营造学社 1940 年被迫迁往李庄后，与同在李庄的中央研究院、中央博物院等机构密切合作，参与彭山汉代墓葬的考古发掘工作，并自主调查测绘了李庄附近的数座

宋墓，探索古代墓葬建筑研究的途径。1940 年秋，成都老西门外修建防空洞时发现古代墓葬，1941 年由四川博物馆开始发掘，发现墓葬为前蜀开国皇帝王建的永陵。1943 年 3 月又由中央博物院筹备处、中央研究院历史语言研究所共同开展全面发掘工作。永陵的发掘引起中国营造学社的关注，1943 年初梁思成先生即致信负责发掘工作的李济先生，询问墓中是否有建筑形象表现。因此，在永陵考古发掘工作即将结束时，李济邀请中国营造学社成员前往永陵进行建筑和石刻的详细测绘工作。

1942 年，梁思成先生开始编写《中国建筑史》，林徽因、莫宗江、卢绳都参加了这项工作。林徽因负责收集辽、宋的文献资料，卢绳负责收集元、明、清的文献资料，莫宗江负责绘制插图。无论是出于民族自尊心还是出于抗战时局之下的民族自觉性，他们下定决心要编撰出中国人自己的建筑史。当时梁思成先生希望早日完成这一历史性的任务，内心焦灼与急迫可想而知。他在写《中国建筑史》的时候，正处于抗战期间的艰苦岁月，尤其当时李庄是一个“四无”的小镇，处于无医院、无药店、无电灯、无营养品的艰苦环境。在经济窘困、重病缠身的处境下，梁思成先生表现出来的惊人毅力和献身精神，令人无限钦佩。

在这潮湿低洼的江边之地，梁思成先生的背部已经佝偻得很厉害，但是他在漆黑潮冷的办公室里，仍然坚持每天画图。画图的时候肩膀不能动，把下巴放在一个长颈的花瓶上，才能伏案工作。他曾经开玩笑地告诉吴良镛教授:“这样画图，线条画得更直。”实际上是找个支点，借以支撑头部的重量。由于工作量大，常常需要在深夜继续赶图、赶稿。画图室没有电灯，晚上漆黑一片，平常都是点菜油灯，即使使用较粗的灯芯，也只能得到如豆的灯光。就是在这样昏暗的灯光下，梁思成先生坚守着事业。20 年前买的英文打字机色带用尽，他就亲自调制墨汁，涂在旧带上继续使用。梁思成先生在令人难以置信的困难下，顽强地从事中国历史建筑研究。

在李庄，梁思成和林徽因夫妇坚毅的精神，深深感动了前来探望的美国学者费正清和费慰梅夫妇。费慰梅后来回忆道："思成的体重只有四十七公斤，每天和徽因工作到夜半，写完十一万字的《中国建筑史》，他已透支过度。但他和往常一样精力充沛和雄心勃勃，并维持着在任何情况下都像贵族一样高贵和斯文。"她说："倘若是美国人，我相信他们早已丢开书本，把精力放在改善生活待遇上去了。然而这些受过高等教育的中国人，却能完全安于过这种农民的原始生活，坚持从事他们的工作。"

因此可以说，《中国建筑史》是梁思成先生在中华民族国难当头，生活及工作难以想象的条件下，用自己的生命"透支过度"，整理和绘制出的最辉煌的学术成果。梁思成先生当年治学的艰辛，实非今天所能想象，他在奋斗中完成了忠诚与献身精神的升华，实现了"从小我走向大我，从大我走向无我"的状态，感人至深。1943 年，英国大使馆文化参赞李约瑟先生由重庆赴李庄访问了中国营造学社。梁思成先生的研究工作给他留下了深刻的印象，后来他在《中国科学技术史》一书中，称梁思成先生为研究中国古建筑的宗师，并在他的专著中多处引用《中国建筑史》中的研究成果。

通过长时期对中国古建筑结构和构造演变的研究，第一部由中国人编写的《中国建筑史》，于 1943 年在抗日战争时期西南地区的一个小山庄——李庄完成。梁思成先生第一次按照历史的发展，把各个时期的建筑，从文献到实物，从城市规划到宫殿、陵墓等，分类地加以详细说明，对不同历史时期建筑做了分析、比较；第一次将中国古代建筑归纳出几大特征，而且从政治经济文化各个方面分析了特征产生的原因，学术水平达到了前人没有达到的高度，堪称第一部高水平的中国建筑史。

这部《中国建筑史》原书名为《中国艺术史　建筑篇》，中华人民共和国成立后，中国科学院编译局曾建议出版，但是梁思成先生认为这部著作成书于抗日战争末期的 1944 年，部分观点并不成熟，有待修正，而且是文言文，因此没有同意正式出版。但是，鉴于当时各高等院校教学上急需中国建筑史的教材，经高等教育出版社和梁思成先生商议，于 1955 年 2 月将书名改为《中国建筑史》，在上海以油印本的形式印出 50 册内部发行，署名“梁思成旧稿”，作为高等学校教师交流讲义之用，待修改完成后，再正式出版。

《中国建筑史》第一章绪论分为“中国建筑之特征”“中国建筑之分期”“《营造法式》与清工部《工程做法则例》”3 个小节。“中国建筑之特征”总结了中国建筑 4 个方面的特征：以木料为基本构材；历用构架制之结构原则；以斗栱为结构之关键；外部轮廓之特异。“中国建筑之分期”对中国建筑历史分期做了科学诠释，即上古时期；两汉；魏晋南北朝；隋唐；五代、宋、辽、金；元、明、清；民国。这 7 个历史阶段分期，以史料中文字、图形及当时所掌握的考古资料，石窟寺、陵墓雕刻、壁画，特别是中国营造学社测绘的历代木构、砖石构实例为依据，初步勾勒出中国建筑史的基本轮廓。梁思成先生特别设立“《营造法式》与清工部《工程做法则例》”一节，以强调在建筑史学研究中，对古代建筑体系、建筑制度与建筑术语研究与关注的重要性。中国建筑体系渊源深远、历代传承、技艺成熟，在世界建筑之林独树一帜。梁思成先生及其中国营造学社同仁们基本上弄清了中国古建筑的历史脉络，同时也基本上掌握了历代建筑实物资料，并以章节体的近代书写形式，寓论于史，史论结合，使《中国建筑史》成为中国历史建筑保护的信史依据。

《中国建筑史》是我国第一部比较完整、系统的建筑史，是梁思成先生作为中国第一代现代建筑学人，从20世纪30年代以来，努力完成的属于中国建筑文明的非凡壮举，是对于中国古代建筑长期调查研究的总结，是他梦寐以求为中国人建构中国建筑史学术梦想的最重要结晶。这部学术著作传给后人的不仅是建筑历史的文字阐述和图绘，同时也深深地浸润着梁思成先生的坚强意志与无私奉献，表现出他爱祖国爱民族的赤诚之心。

英文版《图像中国建筑史》

在梁思成先生编写《中国建筑史》的同时，国立编译馆又委托他编写英文版的中国建筑史。1946年，英文版《图像中国建筑史》在梁思成先生心力交瘁的情况下，由林徽因先生悉心协助而得以最后脱稿。这是一部以图版和照片为主，加以简要文字说明的著作，所有图注均采用英汉对照的形式，是为向西方读者介绍中国建筑而呕心沥血十余年的结晶，是中国学者完成的第一部外文中国建筑史著作，在中国现代学术史上具有里程碑的意义。

由于预设的受众不同，《图像中国建筑史》在材料、体例等方面与《中国建筑史》有所不同，呈现内容以视觉方式为主，文字为辅。梁思成先生采用了5种不同的视觉方式，来再现甚至阐释古代中国的历史建筑，这些方式包括测绘图、照片、速写、渲染图和模型。书中的每一个建筑实例都是中国建筑史叙事的一个物证，对它们的每一种再现方式也各具观念意义，着重就中国建筑的结构体系进行分析。深入浅出是这部著作的最基本特点，也可以说是梁思成先生写作与教学的风格。

梁思成先生在《图像中国建筑史》前言中指出:“研究中国的建筑物首先就应剖析它的构造。正因为如此，其断面图就比其立面图更为重要。

这是和研究欧洲建筑大相异趣的一个方面。”莫宗江先生回忆说：“梁思成对建筑制图独具匠心。除了要准确地表现建筑的结构、构造外，还对线条的粗细、均匀，线条的交点等一丝不苟。他作出的图纸不仅在学术问题上能表达清楚，具有相当的科学性。同时在画面的构图上也精心安排，从艺术角度来看，是一幅耐人寻味的建筑图。”

梁思成先生在《图像中国建筑史》中阐释：“中国建筑与欧洲建筑不同，无论是庙宇还是住宅，都很少在平面设计时将独立单元的内部再行分割。由于很容易在任何两根柱子之间用槅扇或屏风分割，所以内部平面设计的问题几乎不存在，总体平面设计则是涉及若干独立单位的群体组合。一般原则是，将若干建筑物安排在一个庭院的四周，更确切地说，是通过若干建筑物的安排来形成一个庭院或天井。各建筑物之间有时以走廊相连，但较小的住宅则没有。一所大住宅常由沿着同一条中轴线的一系列庭院所组成，鲜有例外。这个原则同样适用于宗教和世俗建筑。”

1946年10月，梁思成先生应美国耶鲁大学邀请讲授中国艺术和建筑。他带着《图像中国建筑史》书稿和书中所附的210余张图纸和照片，以一个中国人自豪的心情，把中华民族的文化珍宝展示在国际学人面前。他以丰富的内容、精湛的分析，博得国外学术界极大的钦佩和赞扬。美国普林斯顿大学授予梁思成先生名誉博士。

1946年10月，梁思成在耶鲁大学讲学

由于林徽因先生在国内病重急需手术，于是梁思成先生在1947年7月提前回国。临行前他将《图像中国建筑史》的图纸和照片交由费正清夫人费慰梅女士保存，自己则带着文稿准备在回国途中继续修改。不幸的是，由于政局改变，他们不久以后就失去了联系。直至1980年，这些图纸和照片才与梁思成先生的文稿复归完璧，并于梁思成先生逝世12年以后，于1984年由美国麻省理工学院出版社出版了梁思成先生40年代用英文撰写的这部著作。

英文版《图像中国建筑史》问世后，在学术界得到很高的评价，如"为对中国文化的理解做出最宝贵的贡献""不仅是对中国的叙述，而且可能成为有重要影响的历史性文献"等。它以近代的建筑表现方式，分析了中国建筑结构的基本体系及其各类部件的名称、功能与特点，叙述了不同时代建筑的演变，阐明了主要建筑的类别，图文并茂，相互印证，深入浅出地做出了系统性的论述，使中国建筑在国际上闪耀着灿烂的光辉。1985年，吴良镛教授在《建筑学报》上发表的《介绍梁思成教授新出版的学术著作——英文〈中国建筑史图释〉》一文中指出："梁思成是中国建筑史研究的拓荒者、播种者、奠基者和大厦构筑者，其功不可没，永垂青史。"

伍

宋《营造法式》
——中国古建筑“天书”密码的破解

梁思成先生是中国建筑历史研究的开拓者，
是中华民族的学术精英，
通过努力研究宋《营造法式》，
第一个释读了中国古代建筑的“文法”，
最终开辟了中国建筑史研究新局面。

梁思成先生是中国营造技术研究的先驱者。

中国古代建筑是传统文化的结晶。历代先贤匠师凭借智慧传承经验，在中华大地上创建了无比辉煌的建筑杰作。梁思成先生是中国建筑历史研究的开拓者，是中华民族的学术精英，通过努力研究宋《营造法式》，第一个释读了中国古代建筑的“文法”，最终开辟了中国建筑史研究新局面。作为中国传统建筑历史研究的开拓者和建筑文化遗产的守护者，梁思成先生丰富的学术研究成果已经永远定格在世人心中，他的学术思想是中华民族在特定历史时代的精神之光。

数千年来，我们的祖先为后代留下了丰富的建筑遗产，包括宫殿、坛庙、园林以及丰富多彩的民居。古今中外，多少文人墨客为它们吟诗作赋，投入无限情感。遗憾的是，长期以来较少有人对中国古代建筑进行科学的研究和总结。幸亏有了梁思成先生，系统和科学地研究中国古代建筑的独特构造与历史价值，使中国建筑成为一门内容丰富的新学科。可以说，梁思成先生是中国古代建筑研究的先驱。

破解中国建筑密码的钥匙

1925 年 11 月，在美国宾夕法尼亚大学建筑系学习期间，梁思成先生收到来自大洋彼岸的父亲梁启超先生寄给他的书籍，其中有经朱启钤先生整理后重新出版的宋《营造法式》印本。梁启超先生在该书扉页上写道：“一千年前有此杰作，可为吾族文化之光宠也。已朱桂莘校印甫竣，赠我此本，遂以寄思成、徽音，俾永宝之。”父亲寄来的这部《营造法式》，令他喜出望外，如获至宝。当时立志探索中国建筑史的梁思成先生，立刻意识到这部古籍就是破解中国建筑密码的钥匙，激起他下苦功夫研究和掌握中国古代建筑历史的强烈愿望。

宋《营造法式》的出现，在很大程度上确立了梁思成先生毕生的主要学术方向，奠定了他学术人生的根基。但是当时这部建筑专著中的宋代建筑术语和内容，对于时年 24 岁的梁思成先生而言，还难以读懂。正如他后来回忆：“当时在一阵惊喜之后，随着就给我带来了莫大的失望和苦恼——因为这部漂亮精美的巨著，竟如天书一样，无法看得懂。”以致他迟迟没有着手进行这部“天书”的研究，而是开始系统进行古建筑调查，开展中国建筑史研究，积累研究能力和经验。直到加入由朱启钤先生创办的中国营造学社，他才正式开始对《营造法式》的解读。

《营造法式》诞生的背景是北宋立国已经百年，国家大兴土木，宫殿、衙署、庙宇、园囿的建造规模盛大。但是负责工程的大小官吏贪污不断且屡禁不止，致使国库不堪重负，因而亟待制定建筑的设计标准、规范和有关材料、施工的定额标准。北宋哲宗元祐六年（1091），将作监第一次奉敕编修成《营造法式》。但是该书缺乏用材制度，工料过宽，不能防止工程中的各种弊端，所以哲宗绍圣四年（1097）再诏李诫重修。后于徽宗崇宁二年（1103）刊行，全国实行严格的工料限定，以杜绝腐败，因此书中以大量篇幅叙述工限和料例。

宋《营造法式》全书共三十四卷。第一、二卷为“总释”，诠释各类建筑物及建筑构件的名称，并简要说明一些基本几何形的计算方法；第三至十五卷为各工种的规矩制度，包括壕寨制度、石作制度、大木作制度、小木作制度、雕作制度、旋作制度、锯作制度、竹作制度、瓦作制度、泥作制度、彩画作制度、砖作制度和窑作制度，这部分是关于宋代建筑设计的最重要内容；第十六至二十五卷为各工种的“功限”，即劳动定额；第二十六至二十八卷为各工种的“料例”，即所需材料的限量；第二十九至三十四卷则是各工种的“图样”，包括平面图、横断面图以及轴测俯视图等不同的表现方法。在正文之前还有“目录”和“看详”，各相当于一卷。

宋《营造法式》是北宋官方颁印的中国第一部详细论述建筑工程做法的典籍，也是中国古代建筑史上最重要的官订建筑设计与施工专著，还是世界上正式印刷出版的第一部建筑学著作。全书纲举目张、图文并茂、条理井然，是一部中国古代建筑百科全书。据李诫自述，编纂此书的方法是“考究经史群书，并勒人匠逐一讲说”“考阅旧章，稽参众智”。《营造法式》总结了北宋徽宗时期的营造知识与经验，尤其是以汴梁为中心的北宋官方营造技艺，同时收集了工匠讲述的各工种操作规程、技术要领及各种建筑物构件的形制、加工方法，其科学性为中国古籍所罕见。

实际上，在编写《营造法式》之前，李诫已经是一位实践经验丰富的建筑师，积累了十余年负责建筑工程的经验，涵盖宫殿、坛庙、衙署、王府、宅第、城门、军营等众多类型。李诫擅长绘画，“图样界画，工细致密，非良工不易措手”。绘画方面的才能，对他编写《营造法式》这一重任，总体负责其中各类建筑图样的绘制，起到了重要作用。同时，李诫还是一位知识渊博的学者，他研究地学，著有《续山海经》十卷；他研究历史，著有《续同姓名录》二卷；他研究文字，著有《古篆说文》十卷。此外，他还颇通音乐，著有《琵琶录》三卷。正是由于具备渊博的学术和艺术基础，李诫才能出色地完成《营造法式》这一旷世之作的编撰工作。

作为一部北宋官方推出的建筑技术与施工标准规范用书，《营造法式》中所强调的标准化、模数化思想在当时的建筑中产生了重要作用，也对其他实用艺术产生了巨大影响，显示出宋朝领先于当时世界的建筑图像学成就，对后世的中国建筑影响深远。特别是《营造法式》对后来具有图谱的建筑著作启发很大，例如清代颁布的清工部《工程做法则例》，即参考了其中的格式与做法。《营造法式》与600多年后的清工部《工程做法则例》相比，从图样表现、估算工料、结构设计等各方面反而更为出色，不但图像丰富，估算准确，体例灵活，而且内容丰富，阐述精确，堪称中国古代最为优秀的建筑著作。

李约瑟先生曾对《营造法式》有过高度评价："为什么1103年的《营造法式》是历史上的一个里程碑呢？书中所出现的完善的构造图样颇见重要，实在已经和我们今日所称的'施工图'相去不远。李诫绘图室的工作人员所作出的框架组合部分的形状表示得十分清楚，我们几乎可以说这就是今日所要求的施工图——也许是任何文化中第一次出现。我们这个时代的工程师常常对古代和中世纪时候的技术图样为什么这样糟糕而觉得不解，而阿拉伯机械图样的含糊不清就是众所周知的事。中世纪的大教堂的建筑者是没有较好的制图员的。15世纪的德国，即使是达·芬奇本人，只不过是提供较为清楚的草图；虽然有时候也是十分出色的，西方是无法可与《营造法式》相较量的。"

千百年来，中国古代建筑的营造技艺靠师徒之间的口传心授，很少写成专著，因此能够传世的古代建筑专著可谓凤毛麟角，而《营造法式》则是其中最重要的一部。《营造法式》总结了北宋徽宗时期的营造知识与经验，同时也对此前历代的营造原则有所继承和概括，影响过一代又一代建筑匠师。但是，由于时隔近千载，书中所记关于北宋建筑的内容，不要说设计原则，就是普通的名词、术语，都已非老匠师们所能解释，一般人更看不懂。一方面，普通工匠因不识字，也不阅读书籍。另一方面，有关术语名词也因世代口授相传而演变，致使书中的术语名词日久失用，构造做法也就更加难以理解，当代人读起来全然不知所云，对于其中的建筑制度与规制，更加一团迷雾。

但是，梁思成先生挚爱这部宋《营造法式》，在他心中埋下一粒种子，他认为既然在宋代对建筑就已经有这样系统的论述，可见中国建筑发展到这一时期已经十分成熟了。在中国，各个领域的历史典籍浩如烟海，为何独缺关于中国建筑方面的史书？填补这一方面的缺憾，是中国建筑师责无旁贷的责任。否则，“数千年之专门绝学，乃不能为外人道”，“难以经世致用”。为此，梁思成先生努力通过研究中国古建筑，试图破解宋《营造法式》这本“天书”，解开中国古建筑营造之谜。

可以说，梁思成先生一生中最重要的两个学术目标，都在宾夕法尼亚大学就读期间得以确立：一是下苦功夫研究和掌握中国古代建筑历史；二是读懂《营造法式》，并且用现代语言和图纸对其进行翻译。1928 年 3 月 31 日，梁思成和林徽因先生在加拿大温哥华的大姐梁思顺家中举行婚礼。1932 年，他们为刚出生的儿子取名“从诫”，即“师从李诫”之意，可见他们对《营造法式》的敬重和喜爱。

宋《营造法式》与中国营造学社

中国营造学社创始人朱启钤

宋《营造法式》后世有多种抄本，1919年，朱启钤先生赴上海开会途中，路过南京时，在江南图书馆发现了手抄本的宋《营造法式》一书。于是他通过江苏省省长的帮助，将这部书借出，委托商务印书馆影印出版，以传后世。这就是后人所称丁本《营造法式》。但是由于丁本《营造法式》经多次辗转传抄，错漏较多。朱启钤先生认为应该尽可能使之更为完善，因此委托版本专家陶湘等搜集各种传本进行校勘，为此“时阅七载，稿经十易”，终于在1925年付梓刊行，称为陶本《营造法式》。

经过这一系列努力，宋《营造法式》得以校对完善，朱启钤先生也产生了深入研究中国古代建筑的意愿。朱启钤先生作为晚清、北洋、民国时期的政府官员，长期主管北京城市建设，不仅掌管着许多与建筑工程有关的项目，而且对中国古代建筑始终有着浓厚的兴趣。于是他自筹资金发起营造学社——中国最早研究中国古代建筑的私人学术机构。

1929年朱启钤先生为筹措学社的研究经费，向中华教育基金会申请补助。接受补助后，为了区别于他个人出资办的营造学社，因此他于1930年将学社改名“中国营造学社”，中国营造学社成为近代第一个专注于研究中国古代建筑历史的学术团体。1931年6月，梁思成与林徽因先生离开东北大学到达北京，应邀加入中国营造学社，开始了中国古建筑研究的生涯。梁思成先生和毕业于日本东京理工大学的刘敦桢先生分别担任法式部、文献部主任，共同开启了中国古代建筑的调查和学术研究。中国营造学社在存续的 17 年间，以一个民间组织的架构，不足 20 人的规模，竟然完成了 2000 余座中国古代建筑的调查，奠定了中国古代建筑史和建筑理论的研究范式，独力开创了一个学科。这不能不说是世界建筑学术史上的一个传奇。

中国营造学社的学术研究定位与梁思成先生的理想高度契合，可以为他创造最适宜的工作环境，搭建接触中国古代建筑实物的顺畅渠道。早在中国营造学社创办伊始，社长朱启钤先生就认为“要研究中国营造学，非通人类全部文化史不可”。梁思成先生在古建筑调查与研究中始终贯彻朱启钤先生的学术思想，将建筑规模、形体、工程、艺术演变等视为民族文化兴衰的反映，并依照其遗迹与记载考察文化流变。他以高度的历史责任感，视古代建筑为一定历史时期文化发展的必然产物，同时也是文化历史的表征。

梁思成先生及中国营造学社同仁们开展学术研究时，正值“西学东渐”、中西文化冲突与交融的近代学术和文化转型的历史时期。他们借鉴西方近代科学实证的研究方法，并将其运用于中国营造学社的中国古代建筑的具体研究中，与传统的文献考证方法相结合，同时在学术研究中注意科学精神与人文精神结合。在梁思成、刘敦桢先生及中国营造学社同仁们的研究精神中，既灌注着丰厚的传统文化底蕴和人文气息，又洋溢着浓郁的现代科学精神风范。

梁思成先生加入中国营造学社，面临的任务即以解读宋《营造法式》与清工部《工程做法则例》这两部鲜有人能读懂的古建筑巨著为核心，开展中国古代建筑研究。如不能读懂这两部融汇了大量民间智慧的仅存的中国古代建筑官书，就不能探明中国建筑万变不离其宗的规律，就会止步于中国建筑思想宝库的门外。这两部古代建筑著作中有许多术语难以理解，必须在考证历史文献之时，拜工匠为师，加以图释，并对建筑实物开展详细测绘，进行比较研究。这无疑是极其繁重的工作，但是也为梁思成先生创造了机会，使他的研究方法弥补了前辈学者的不足。

释读清工部《工程做法则例》

梁思成先生一开始就抱着要写中国人自己的建筑史的志向，研究次序则是年代由近至远，难度由易至难，首先释读清工部《工程做法则例》，再破解宋《营造法式》。清工部《工程做法则例》成书于清雍正十二年（1734），在清代为建筑设计、施工、估工算料、编制预算、竣工验收的依据。梁思成先生以清工部《工程做法则例》为教材，参考了大量的民间有关建筑估算做法的口诀，深入研究整理中国营造学社收集的民间匠人做法抄本，这些秘传抄本，对建筑各部分的权衡比例确定了各种计算程式。

在研究清工部《工程做法则例》的过程中，梁思成先生首先从北平的明清古建筑开始学习研究，以故宫为蓝本，调查现存的清代建筑，并拜老木匠杨文起师傅和彩画匠祖鹤州师傅为师，以故宫和北京的许多其他建筑为"标本"，在两位老匠人的帮助下，初步廓清了清代建筑的基本营造法则，逐步读懂了清工部《工程做法则例》，两年后已经谙熟了清式建筑的工程做法。同时，梁思成先生用近代的投影、透视等科学研究方法来绘制中国传统建筑，并用科学原理加以解释，用现代科学的表达方式进行总结归纳。

在研究清工部《工程做法则例》时，梁思成先生把每天读懂的条例内容用近代科学的工程制图绘制出来。据莫宗江先生回忆:“我每天最重要的学习是到梁先生的绘图桌前去读图，先生每天都绘出一大摞的图，工作效率之高令人吃惊。他的这种敬业精神也教育了我，使我终生受益。”梁思成先生曾于《中国营造学社汇刊》中言明:“近代学者治学之道，首重证据，以实物为理论之后盾，俗谚所谓‘百闻不如一见’适合科学方法。”

在官定的《工程做法则例》之外，还有许多流传于民间的则例抄本，其中很多是匠人自己总结出来的做法，也是各作师徒薪火相传的课本，其中除正文外还有口诀。也有工部书吏从档案中私下抄录、夹带出来的《内工则例》，其内容有大木作、小木作、石作、瓦作、搭材作、土作、油作、画作、裱糊作等，包括木料价格、杂项价目、材料重量、人工估算等。这些民间的则例不成文法，随时、随事、随地而编定。梁思成先生首先就是从整理这些算例和清工部《工程做法则例》入手，开始了对清式建筑的研究。

1931 年，梁思成先生对营造算例进行整理，在《中国营造学社汇刊》上陆续发表。之后又经重新校读后，将《营造算例》分出章节。1932 年 2 月，《营造算例》以单行本出版。“这算例的刊行，编者希望他不要立下圈套来摧残或束缚我们青年建筑家的创造力，”他在《营造算例》初版序言中写道，“希望的是我们的新建筑家‘温故而知新’，藉此增加他们对于中国旧建筑的智识，使他们对于中国建筑的结构法有个根本的、整个的了解，因而增加或唤起他们的创造力，在中国建筑史上开一个新纪元。”

梁思成先生指出，清工部《工程做法则例》是一部名不符实的书，因为它既非做法，也非则例，只是 27 种建筑物的各部尺寸单以及瓦石油漆等匠作的算账法。其主要目标在算料，而且匠师们未曾对任何构造材料加以定义，导致有许多的名词在读到时茫然不知所指。梁思成先生在工作过程中，最费劲、最感困难的就是在辨认、记忆及了解那些繁杂的各部构材名称及详样。从中可以看到他是在摸索、探究、揭示与阐释一个隐藏于清代建筑遗构与工匠秘传抄本，以及清工部《工程做法则例》中的清代建筑体系，从而促进中国古代建筑的研究、保护和传承。

1932 年，对于中国的建筑学有着不同寻常的分量。1932 年 3 月，梁思成先生实现了对清工部《工程做法则例》的释读，完成了《清式营造则例》一书，将卷一至廿七的图解全部完成。这是梁思成先生的第一本学术专著，在这部专著的形成过程中，林徽因先生也倾注了大量心血。梁思成先生在回顾写作过程时说："除绪论外，自开始至脱稿，以后数次的增修删改，在照片之摄制及选择、图版之分配上，我实指不出彼此分工区域，最后更精心校读增削。所以至少说她便是这书一半的著者才对。"

林徽因先生在《清式营造则例》绪论中，阐明了中国古建筑的"真髓所在"：中国建筑"在技艺上，经过最艰巨的努力、最繁复的演变，登峰造极，在科学美学两层条件下最成功的，却是支承屋顶的柱梁部分，也就是那全部木造的骨架。这全部木造的结构法，也便是研究中国建筑的关键所在"。清华大学建筑学院王贵祥教授认为，这是中国知识层采用建筑学科学方法，真正接触与诠释古代木构建筑体系的第一次尝试，也是受过正规现代建筑教育的建筑师，从建筑学的视角，对秘传于古代工匠匠作群中的营造智慧与设计方法的一次成功学习与阐释。

《清式营造则例》是我国第一部以现代科学技术的观点方法总结中国古代建筑构造做法的著作，第一次对繁杂的古建筑构造、形式进行了科学的整理和分析，第一次用现代的图纸把古代的建筑表现出来。关于古代建筑斗栱，梁思成先生还特别谈到，凡是对中国建筑术稍有认识的人，都知道斗栱是中国宫室构架中最重要的有机能部分，而不是装饰；凡是对于中国建筑在史的方面稍有认识的人，都知道中国各代建筑不同之特征，在斗栱之构造、大小及权衡上最为显著。梁思成先生就是用这样通俗的语言，对古建筑中的梁柱、斗栱的结构机能作用进行了清晰的表述。

至今看来，梁思成先生在 1934 年正式出版问世的这部《清式营造则例》，在厘清与阐述清代官式建筑结构、构件及术语体系上，仍是一部奠基性学术力作，仍然是学习古建筑的入门工具书。如果说对于距今 200 多年的清工部《工程做法则例》的解读与阐释尚如此困难，那么距离现代近千年、文字术语几乎完全无人能懂的宋《营造法式》的研读与诠释，将是一项多么艰巨的工作，可想而知。而梁思成先生对清工部《工程做法则例》的理解，可以说为进一步研究宋《营造法式》打下了基础，创造了条件。在此背景下，他开始对宋《营造法式》进行拓荒式学习、探索、关注与研究。

木构古建筑调查研究

1932 年 3 月，梁思成先生发表了第一篇建筑史论文《我们所知道的唐代佛寺与宫殿》。当时还未发现唐代建筑实例，他结合宋《营造法式》等文献，充分运用前辈学者提供的图像资料，对建筑平面配置进行分析，对其中的建筑图像做分类研究，包括: ① 殿堂; ② 层楼; ③ 大门; ④ 角楼; ⑤ 廊; ⑥ 亭; ⑦ 台; ⑧ 围墙; ⑨ 城; ⑩ 塔; ⑪ 桥; ⑫ 墓。并对各部分的结构特征进行详细研究，包括: ① 材料; ② 色彩; ③ 台基; ④ 柱; ⑤ 额枋; ⑥ 斗栱; ⑦ 椽子; ⑧ 屋顶; ⑨ 门窗; ⑩ 栏杆; ⑪ 天花; ⑫ 雕饰。这篇论文为发现与研究唐代建筑作了前期准备，也为最终建构《中国建筑史》打下了基础。

梁思成先生同时强调在古代文献之外，研究古代建筑一定要开展实地调查测绘。在整个华夏大地上努力寻找《营造法式》时代的木结构遗物，成为破译这部“天书”的最关键工作。于是，梁思成先生开始踏上了艰辛而漫长的古建筑考察之路。从投身中国建筑史学研究，到开始真正踏入田野，走上创立中国古代建筑史的艰难之路，历经了 8 年时间，通过扎实的学术研究，掌握了中国古代建筑的特征以及古代建筑史的基本框架。中国营造学社也因为有了梁思成、刘敦桢等学者的加入和组织领导，开创并推行科学调查研究方法，完成了从传统到现代的转型，成为当年中国研究水平最高、学术成果最丰富、社会影响力最大的古建筑研究机构。

从事中国建筑史研究需要做好两方面工作，既要进行田野现场考察、实地调研，还要查阅文献、撰写文章。在调研对象中，梁思成先生首选木构古建筑，“乃由于我国建筑，向以木料为主要材料”。1932 年 4 月，在对蓟县独乐寺进行测绘研究后，他回到北平，依据开展野外古建筑调查所获得的第一手材料，在林徽因先生的帮助下，撰写了《蓟县独乐寺观音阁山门考》和《蓟县观音寺白塔记》。在《蓟县独乐寺观音阁山门考》一文中，梁思成先生阐明了科学调研的意义:“造型美术之研究，尤重斯旨，故研究古建筑，非作遗物之实地调研测绘不可。”所以，开展古建筑研究，调研为第一要务。

在中国营造学社的工作中，有关调研的科学论文从《中国营造学社汇刊》第三卷开始体现。《蓟县独乐寺观音阁山门考》就发表于 1932 年 6 月的《中国营造学社汇刊》第三卷第二期，这是梁思成先生发表的第一篇古建筑调查报告，论证独乐寺建于辽代，是当时所知道最古的一座木构殿堂，也是我国第一次用现代科学的方法调查测绘古建筑的调查报告，其中提出研究古建筑必须从实物入手的观点。蓟县独乐寺观音阁的学术研究成

河北蓟县独乐寺观音阁旧照

果很快引起国际学术界的重视——就透过形式深入研讨古代建筑设计规律而言，已超过了当时日本学者研究的深度，确立了独乐寺在中国建筑史中的独特地位。

在研究中国古建筑时，对木结构体系的讨论是梁思成先生一生用力最多的部分。在《蓟县独乐寺观音阁山门考》中，附有一批精美的图纸，包括巨幅的水彩渲染图、楼阁剖面图、各种斗拱详图等。他指出："斗栱者，中国建筑所特有之结构制度也，其功用在梁枋等与柱间之过渡及联络，盖以结构部分而富有装饰性者。其在中国建筑上所占之地位，犹 Order 之于希腊罗马建筑；斗栱之变化，谓为中国建筑制度之变化，亦未尝不可，犹 Order 之影响欧洲建筑，至为重大。"在此表明，中国木构建筑中的斗拱制度特别的重要，就像西方的柱式（Order）一样。

《蓟县独乐寺观音阁山门考》首次释读了《营造法式》“以材为祖”之制，也首次指出“斗栱”在中国建筑上所占的地位，是中国建筑史论的里程碑之作。“以材为祖”的中国木结构设计方法和西方以柱径为模度的柱式，可谓异曲同工，这是梁思成、林徽因先生在美国留学接受西洋古典建筑的训练后，又通过努力钻研中国古建筑，从而做出的重要理论贡献。随后，梁思成先生又投入河北宝坻广济寺三大士殿的研究之中，这是继蓟县独乐寺之后发现的又一座辽代建筑，他再次发表调查报告，形成日渐成熟的中国古代建筑考察探索路径。

正定县城保存有众多古代建筑。1933 年 3 月，梁思成先生第一次考察正定，就借住于兴隆寺中。这次考察的成果，最后被整理为《正定古建筑调查纪略》。他在其中写道:“今春四月正定之游，虽在兵荒马乱之中，时间匆匆，但收获却意外的圆满。除隆兴寺及四塔外，更有阳和楼及县文庙两处重要的发现，计摄影或测量的建筑物十八处，详细测量者六处，略测者五处，其余则只摄影而已。”在考察中，他推断兴隆寺摩尼殿的年代“至少也是北宋原构”。在梁思成先生考察 45 年以后，1978 年摩尼殿修缮时，人们发现内槽阑额及斗拱构件上留有许多处墨书题记，清晰地记载了摩尼殿的建造年代，为北宋皇祐四年（1052），证实了梁思成先生最初的判断。

在此次考察中，当梁思成先生看到拥有时代最早、规模最大的可转动藏经书架的转轮藏殿时，十分欣喜。作为北宋遗存的转轮藏殿上部结构的精巧构架，与《营造法式》内容完全相同的斗拱，给他的研究提供了直接的实物参考依据。1933 年 11 月，梁思成和林徽因先生来到正定进行第二次考察。1952 年，时任清华大学建筑系主任的梁思成先生，利用暑假带领学生第三次到正定考察测绘古建筑。1963 年，他又第四次来到正定进行古建筑考察。可见梁思成先生对正定古建筑非常重视。

大同是南北朝时期的佛教艺术中心之一，是辽金两代的陪都。1933年9月，梁思成与刘敦桢、林徽因一行在大同城内紧张工作了9天时间，首先对上下华严寺、善化寺等古建筑调查测绘，认真地进行分析、考证、测量、绘图与记录，完成了6座古建筑的详细测量和9座古建筑的略测。即使是在科学技术更发达的今天，这样的效率也让人望尘莫及。这次调查的成果《大同古建筑调查报告》填补了历史的空白，也为破解宋《营造法式》提供了丰厚的材料。

开凿于北魏时期的大同云冈石窟是佛教艺术的杰作。第一次对石窟雕刻中所表现的建筑法则进行系统介绍的，是梁思成、刘敦桢、林徽因等学者。1933年9月，他们来到云冈石窟，对洞窟本身的布置、构造及年代，与敦煌等处洞窟进行比较，对石刻上所表现的建筑物包括塔、柱、阑额、

1933年，梁思成在山西大同云冈石窟考察

1933年，梁思成测绘山西大同善化寺普贤阁

斗拱、屋顶、门、栏杆、踏步、藻井等建筑部分进行细致、系统的研究，发表了《云冈石窟中表现的北魏建筑》。梁思成先生曾感慨：“在云冈石窟中可以清晰地看到，在中国艺术固有的血脉中忽然渗入旺盛而有力的外来影响：它们的渊源可以追溯到古代的希腊、波斯、印度，它们通过南北两路，经西域各族和中国西藏到达内地。这种不同民族文化的大交流，赋予我国文化以旺盛的生命力。这是历史上最有趣的现象，也是近代史学者最重视研究的问题。”

1933 年 9 月，完成大同的工作之后，梁思成、刘敦桢与莫宗江先生结伴调查山西应县佛宫寺释迦塔、浑源县悬空寺。应县佛宫寺释迦塔建于辽清宁二年（1056），由地面到塔尖高约 67 米，塔高五层，加上上面四层平坐暗层，实为一座九层重叠式的木构建筑，为我国古代乃至世界上现存最高的木构建筑。应县木塔采用全木结构搭建。千年间木塔历经 40 余次地震，200 余次枪击炮轰，无数次电闪雷击，依然强震不倒、炮击不毁、雷击不焚。然而，木塔并非完好无损，塔体已经扭曲倾斜，构件脱榫、劈裂、折断。在这里，梁思成与莫宗江先生工作了整整两个星期的时间，对木塔从下到上一层一层地进行测量。在克服重重困难之后，完成了对应县木塔建筑学意义上的科学考察。

中国建筑的“文法”

梁思成先生的贡献不仅在于实际调查，还有不懈的理论探索。

1940 年，是抗日战争最为艰苦卓绝的时期。梁思成先生到达四川李庄，但是自患背疾以后，他无法进行野外作业，于是他和助手在生活条件极其困难的情况下，开始启动《营造法式注释》这一重大课题，并获得一些初步成果。1941 年，他开始集中精力研究宋《营造法式》等文献。在正式开展宋《营造法式》研究前，梁思成先生通过积累的大量古建筑测绘实例与案例，确立了对于唐、辽、宋、金古建筑关键节点性的学术认知，并陆续完成法式大部分图解工作，为最终对宋《营造法式》及唐宋建筑体系进行科学诠释创造了必要的学术条件。

《中国营造学社汇刊》是发表学社同仁研究成果的主要平台，曾经在北平出版过六卷汇刊，每卷四期，发表了许多重要的古建筑调查报告和论文，其中发表调查报告和论文数量最多的是梁思成先生。《中国营造学社汇刊》无论从内容还是从印刷质量上看，都堪称一流的专业刊物，深受国内外学术界的好评。但是中国营造学社南迁后一直流离辗转，到达四川李庄以后，又面临印刷、纸张、装订、出版等方面的困难。梁思成先生深知，学术刊物是学术团体的生命线，如果学术团体没有自己的学术刊物，也就难以保持凝聚力和影响力。为此，他想尽一切办法，要在十分困难的情况下，恢复《中国营造学社汇刊》的出版。

在梁思成先生的倡导下，中国营造学社的同仁们积极响应，一起动手，克服困难，他们用药纸、药水手写石印，不仅有文字，还有平、立、剖的墨线图，照片也是用描绘的方法予以石印。从设计版式、抄写文字、描绘线图和照片，到石印、折页、装订成书，完全都是学社同仁一手完成。他们同心协力，终于使《中国营造学社汇刊》第七卷问世，其中刊登了梁思成先生的著名文章《为什么研究中国建筑》。

在《为什么研究中国建筑》一文中，梁思成先生进一步阐述了中国营造学社成立的宗旨，强调研究中国建筑的意义："研究实物的主要目的则是分析及比较冷静地探讨其工程艺术的价值，与历代作风手法的演变。知己知彼，温故知新，已有科学艺术的建筑师增加了本国的学识及趣味，他们的创造力量自然会在不自觉中雄厚起来。这便是研究中国建筑的最大意义。”他同时指出，中国建筑的“许多平面部署，大的到一城一市，小的到一宅一园，都是我们生活思想的答案，值得我们重新剖视”。

1945年出版的《中国营造学社汇刊》第七卷第二期刊载了梁思成先生撰写的《中国建筑之两部“文法课本”》一文，文中指出：每一个派别的建筑，如同每一种的语言文字一样，必有它的特殊“文法”“词汇”。“清宋两术书”，即清工部《工程做法则例》与宋《营造法式》，是理解中国建筑的两部文法书。梁思成先生在文章中写道：“中国建筑的‘文法’是怎样的呢？以往所有外人的著述，无一人及此，无一人知道。不知道一种语言的文法而研究那种语言的文学，当然此路不通。不知道中国建筑的‘文法’而研究中国建筑，也是一样的不可能。”此语道出梁思成与外国学者的学术分野。

此前，以日本为代表的中国建筑史研究的早期著作，由于不知清工部《工程做法则例》与宋《营造法式》内蕴的“文法”，只能通过碑刻、文献记载及其与日本古代建筑的类型比对，来推断古代建筑的年代，难以深入阐释中国建筑的构造规律。1931年，日本学者伊东忠太曾在《支那建筑史》中评论道：“中国人既不置重建筑，故此类书籍甚少。余所知者，仅宋代编有《营造法式》，明代著有《天工开物》及现行之数种书籍而已。此数种书，不独解释困难，且无科学的组织，故有隔靴搔痒之憾。”伊东忠太甚至在书中断言：“研究广大之中国，不论艺术，不论历史，以日本人当之，皆较适当。”当时，中国学者在世界建筑史领域内的话语权已落人后。如果说《营造法式》“解释困难”尚有情可原，但是称其“无科学的组织”甚至是“隔靴搔痒”，实乃“隔膜和谬解”。梁思成先生认为伊东忠太的中国建筑史止于六朝，是间接由关于建筑的文字或绘刻一类的材料中考证出来的，“还未讲到真正中国建筑实物的研究，可以说精彩部分还未出来”。对喜龙仁与鲍希曼这两位欧洲学术界的代表性人物，梁思成先生评论道:“他们谁也不懂中国建筑的‘文法’，对中国建筑的描述不得要领。两人之中，喜龙仁要好一些，他引用了《营造法式》，却漫不经心。”

实证中国古代建筑模数体系

在李庄，梁思成先生记录了他对《营造法式》研究的思索。正是他辛勤的工作，通过对于《营造法式》的持续研究，终于征服了这本“天书”，这一中华文化瑰宝也得以拂去身上的尘埃，大放异彩于世界文化之林。1939 ～ 1945 年，在莫宗江先生的协助下，梁思成先生用现代工程制图方法，初步完成《营造法式》诸版本文字勘校核对，以及壕寨制度、石作制度及法式大木作制度的全部插图绘制。

宋《营造法式》是一部罕见的以建筑设计及估工和算料为主要内容的古代官书，也是中国存世古籍中最完美的一部建筑技术专业书籍。《营造法式》的制度、功限、料例诸卷，视具体对象制定比类增减之法，以控制结构、比例、权衡、工时、造价、材料制造工艺等，包含了极为丰富的建筑、美学、经济、科技等内容。李约瑟先生指出，中国在公元 3 世纪至 13 世纪保持过一个西方世界望尘莫及的科学知识水平。《营造法式》就诞生于这一时期。它在诸多方面所包含的科学知识，正是这一时期人类领先文明的见证。

中国古代建筑很重要的一个特点是模数化设计。中国古代建筑里有斗拱，其中像漏斗一样形状的木构件就是“斗”；长条形的像弓一样的木构件就是“拱”。很重要的一点是，所有拱的横断面，其实都是一个标准“材”，不管它在什么地方、具体叫什么名字。不仅如此，所有用来连接斗拱的枋，其横断面也是标准材，标准材占据了一个木结构建筑绝大部分的材料。梁思成先生非常重视对斗栱的研究，认为斗栱对中国建筑具有极为重要的意义，因为这些标准材可以批量制造，再到现场进行加工和组装。这种有效率的建造方式，也带来了中国古建筑的美的比例。因此，兼具实用性与装饰性的“斗拱”，成为中国建筑最显著的特征之一，也是中国古建筑的精髓所在。

从梁思成先生的研究与总结中可以看出，中国古代建筑以木材结构为主，两根立柱与两层以上的横梁构成一副梁架，以横木在每两副梁架间相互牵搭、构成“间”来承重。这一结构原则被西方应用于现代钢筋混凝土构架或钢骨架结构，而中国建筑早在3000多年前就已经有所呈现。单座建筑主要由下部的台基、中部的房身和上部翼状伸展的屋顶三要素构成。梁思成先生并非套用西方古典主义建筑“文法”来诠释中国建筑，而是以北宋喻浩《木经》中的记载来分析中国古代建筑立面的“三段”，即台基、梁柱、屋顶（《木经》中分别称下分、中分、上分），而这恰与西方文艺复兴时期的“三段式”古典立面构图设计理论相通。

一座木结构建筑浑身上下各种重要的设计尺寸，其实都是以“材”作为基本的模数。梁思成先生在对独乐寺观音阁的研究当中，发现这座建筑虽然有成千上万个木构件，但是一共只有六种规格，说明这座古建筑是一个高度标准化的设计，是中国古代建筑非常重要的秘密。这就是《营造法式》中提出的“凡构屋之制，皆以材为祖”。这个“材”字，指的是标准木材的断面，也就是《营造法式》中最核心的密码。《营造法式》还指出：“凡屋宇之高深，名物之短长，曲直举折之势，规矩绳墨之宜，皆以所用材之分，以为制度焉。”即指一座木结构建筑浑身上下各种重要的设计尺寸，其实都是以“材”为基本的模数，模数化的设计是中国古代建筑的重要特点。

梁思成先生把中国古代“以材为祖”的木结构建筑与西方古典建筑的“柱式”加以比较。在西方古典建筑法式，即“柱式”当中，是以柱子的直径作为整个建筑设计的基本模数：一座神庙浑身上下的重要设计尺寸都是柱径的整数倍或者分数。梁思成先生发现西方的“柱径”和中国古代的“材”有异曲同工之处，于是他把中国古代这种“以材为祖”的木结构建筑和西方古典建筑的“柱式”相互对应。由“材”的发现，继而认识到建筑之美不在于那些表面繁复的装饰，而在于“权衡”，也就是比例关系。东西方古典主义建筑皆以某一建筑构件为模数单位，以此确立建筑各空间伸缩变造、比例权衡之法。这无疑是一个重要发现，对于世界建筑史特别是东西方比较建筑史研究具有创造性的贡献。

梁思成先生正是将田野调查与《营造法式》研究相结合，综合运用美术考古、建筑测绘、文献研究等多种方法，进行全面释读，实证了《营造法式》所记载的中国古代建筑模数体系，进而总结规律，倾力探索中国古代建筑的方向。正是沿着这个方向，中国建筑史学才不会停留在“有什么”的层面，而能够回答“是什么”，并揭示出“为什么”。他采取文献与实地考察测绘相结合的研究方法，并与北宋及辽代建筑相互印证，对《营造法式》进行注释和研究，读懂一点，解析一点，逐步推进，努力“破译”《营造法式》这部“天书”的密码，最终开辟了中国建筑史研究新局面。

完成《营造法式注释》

1945 年以后，因抗日战争后的复原工作及创办清华大学建筑系等，梁思成先生对宋《营造法式》的研究工作暂时搁置。1962 年 2 ～ 3 月，在参加国家科委在广州召开的全国科学工作会议期间，周恩来总理鼓励梁思成先生继续进行《营造法式》研究工作。会后，梁思成和莫宗江先生重新开始《营造法式》的研究，并由他的助手楼庆西、徐伯安、郭黛恒 3 人组成研究小组继续开展工作。在当时十分艰苦的环境下，从事这样一件古籍诠释研究，困难之大可以想见。但是起伏跌宕的社会环境与艰难困苦的个人境遇，没有阻止他们为《营造法式》这部古代建筑典籍的注释与研究，做出不懈努力与艰难探索。

在这一年，梁思成先生写下《拙匠随笔》系列，把模数化的设计方法推到极致。他说："所谓'模数'就是一座建筑物本身各部分以及每一主要构件的长、宽、高的尺寸的最大公分数。每一个重要尺寸都是这一模数的倍数。只要在以这模数构成的'格网'之内，一切构件都可以横、直、反、正、上、下、左、右地拼凑成一个方整体，凑成各种不同长、宽、高比的房间，如同摆七巧板那样，以适应不同的需要。管见认为模数不但要适应生产和生活的需要，适应材料特征，便于预制和机械化施工，而且应从比例上的艺术效果考虑。"梁思成先生将宋式"材分"与清式"斗口"，作为全体房屋造型比例控制基本模数的概念加以描述。

梁思成先生具有博大的胸怀和不倦的敬业精神。他希望将更多的中国古代建筑完整地记录下来，作为文化财富留给子孙后代。因此在漫长的岁月中，只要条件允许，他都不放弃调查古建筑的机会。直到 1962 年 1 月，他依然不辞年迈，对广西容县真武阁进行勘察研究，并撰写调查报告《广西容县真武阁的"杠杆结构"》。1963 年 3 月，梁思成先生赴河北赵县考察赵州桥修缮工程，看到桥身得以整修，桥下的河道也得到了清理，激动不已。更让他欣喜的是，河道中还发掘出了历代跌落入水的桥栏杆石栏板，其中不但有元代和明代构件，而且有隋代始建时期的栏板，以及具有重要历史价值的桥铭石。同时，梁思成先生又第四次赴正定进行古建筑考

赵州桥隋代栏板

察，并在文化部古建筑研究所专家座谈会上呼吁保护赵县陀罗尼经幢、维修正定开元寺钟楼。1963 年 6 月，他为扬州市政协做古建筑维修报告，阐述“整旧如旧”的观点。1964 年 4 月，他和林洙女士一同前往蓟县，联系重新测绘独乐寺事宜，并再次考察独乐寺建筑。

1965 年，梁思成先生主持审定《中国古代建筑史》最后稿。他为《中国古代建筑史》第六稿撰写“绪论”，明确了模数制概念：“模数：斗拱在中国建筑中的重要还在于自古以来就以宽度作为建筑设计各构件比例的模数。宋朝的《营造法式》和清朝的《工部工程做法则例》都是这样规定的。同时还按照房屋的大小和重要性规定八种或九种尺寸的拱，从而订出了分等级的模数制。”尽管在当时的政治氛围下，从事古建筑研究已十分困难，梁思成先生仍在文中指出：《营造法式》是中国古代有关建筑的最重要的一部专著。1966 年春，他与莫宗江先生再次赴蓟县，与有关部门研讨独乐寺观音阁的维修保护问题。可以说，梁思成先生是尽了他所能做到的一切，来完成历史交给他的使命。

这一时期，梁思成先生全面开展《营造法式》文字注解与诸作制度图样的绘制与完善，并做出计划，拟将全书分为上下两卷出版。“文化大革命”期间，梁思成先生在学术领域所开展的项目和所撰写的文章渐少，但是他初心不改，潜心不怠，还是一直默默地进行《营造法式》的注释工作。在极其困难的环境下，他终于完成了《营造法式注释》一书的绝大部分工作。梁思成先生努力克服社会政治大环境的不利影响，对科学阐释中国古代建筑体系，表现出锲而不舍、坚持不懈的精神，令人敬佩。

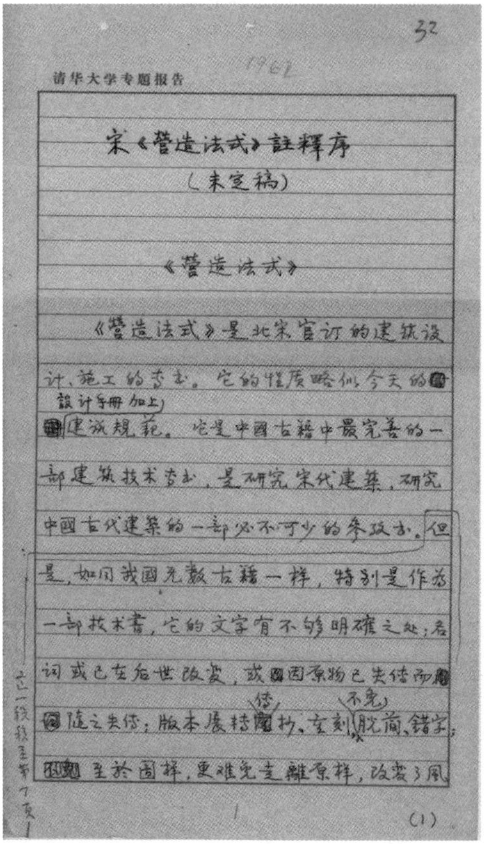
清华大学专题报告

宋《營造法式》註釋序

(未定稿)

《營造法式》

《營造法式》是北宋官订的建筑設计、施工的专书。它的性质略似今天的設计手册加上建筑規範。它是中国古籍中最完善的一部建筑技术专书，是研究宋代建築，研究中國古代建築的一部必不可少的參攷书。但是，如同我國无数古籍一样，特别是作为一部技术書，它的文字有不够明确之处；名词或已在后世改变，或因原物已失传而随之失传；版本屡经傳抄、妄刻，不免脫简、錯字；至於图样，更难免走離原样，改變了風

(1)

梁思成“宋《营造法式》注释序（未定稿）”手稿（1963年）

《营造法式注释》上卷内容包括对看详、总释、壕寨、石作，及全书最核心的大木作斗拱、柱额、梁架等制度的详细注释。下卷覆盖了包括小木作六种制度，及雕作、旋作、锯作、竹作、瓦作、泥作、彩画作、砖作、窑作等制度及各种功限与料例的诠释。《营造法式注释》在诸多方面实现了学术突破，包括对各作制度诸名件术语的系统化理解，对“材分制度”的合理类比与科学诠释，对“铺作”概念及其数计方法的科学解释，对诸作制度名件尺寸的合理诠释。《营造法式注释》释读了宋《营造法式》“以

材为祖”制度，理解了中国建筑的“文法”。

透过这部投入时间最长、花费心血最多的学术著作，不仅可以感受到梁思成先生严谨细密的治学精神与科学睿智的大家风范，而且可以体会到他锲而不舍、实事求是的学术素养。此后，经过政治起伏、社会变迁、世事纷扰，《营造法式注释》的出版几度搁置。1983 年，《营造法式注释》上卷部分终于在梁思成先生逝世 10 年后问世；而《营造法式注释》下卷部分，直至 2001 年《梁思成全集》出版时，才以第七卷的形式面世。无论如何，这一研究使宋《营造法式》这部千年古籍得以被世人了解并初步读懂，为学习、研究、保护至为珍贵的唐、辽、宋、金、元建筑提供了一把钥匙。

梁思成先生对清工部《工程做法则例》和宋《营造法式》这两部著作的破解，释读了中国建筑的模数体系，理解了中国建筑的“文法”，对建筑实物的构造年代及其设计思想，做出基于建筑学的科学论证，指出了探索中国古代建筑的方向。梁思成先生对于宋《营造法式》的研究成果，为一代代中国古建筑研究者打通了学术通道。在中华大地上，还没有发现唐代以前的木构建筑，即便唐代的木构建筑也仅存山西五台山的佛光寺东大殿和南禅寺大殿、芮城五龙庙大殿等为数不多的古建筑。但是，目前已经发现的宋、辽、金、元时期的木构建筑则数以百计，并且分布地域广泛，从北方到南方，从西部到东部，均有遗存。因此，宋《营造法式》这部古籍得以和与之时间最为接近的木构建筑相互印证，使中国古代建筑史能够不断结合实例，体会古代科学技术与艺术成就，进行更加深入的研究。

陆

“整旧如旧”

——要延年益寿，不要返老还童

为了让文物建筑更长久地焕发生机与魅力，
需要持续进行维修保护，
但是在这一过程中，
应保持文物建筑的“品格”和“个性”。
通过“整旧如旧”呈现给世人的，
不是“返老还童”的印象，
而应该是“延年益寿”的状态。

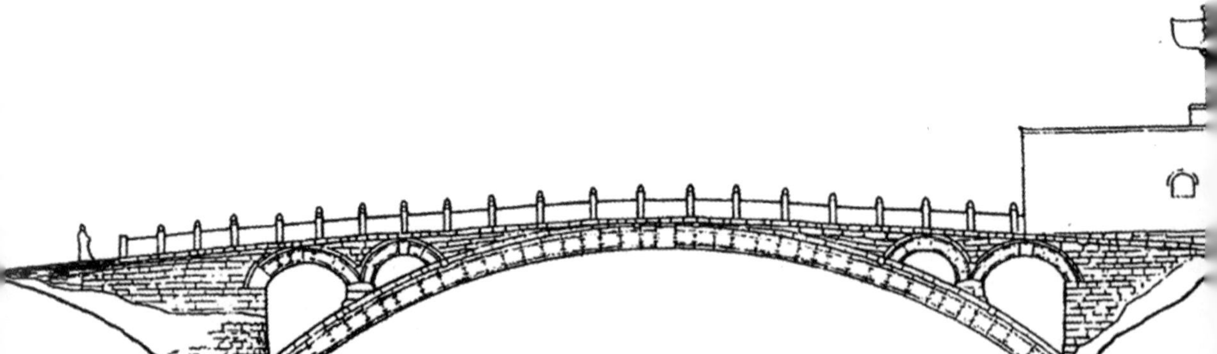

梁思成先生是文化遗产的忠实守望者。

梁思成先生始终关注文物建筑保护，在调查、抢救、维修、利用等方面都提出过系统的主张。他认为文物建筑记录着历史的沧桑变迁，也是科学性与艺术性的集中体现。为了让文物建筑更长久地焕发生机与魅力，需要持续进行维修保护，但是在这一过程中，应保持文物建筑的“品格”和“个性”。通过“整旧如旧”呈现给世人的，不是“返老还童”的印象，而应该是“延年益寿”的状态。梁思成先生不但拥有正确的文物建筑保护理念，而且也做出过典范性的实践。

“保护现状，恢复原状”

梁思成夫妇在 1928 年回国以前，一起赴欧洲英国、瑞典、挪威、德国、瑞士、意大利、西班牙、法国考察，亲眼看到这些国家尤其是意大利等国的历史建筑受到妥善的保护，且有专家学者们对这些历史建筑进行深入系统的研究并实施维修保护。对比自己的国家，一个具有几千年文明传统的中华民族，虽然祖先留下了丰富的建筑遗产，但是如今却未获得应有的保护，大批古建筑处于风雨飘摇之中，遭受人为与自然的伤害损毁。为此，他们义无反顾地投身于中国古代建筑保护事业。

加入中国营造学社后，梁思成先生首先掌握明清官式建筑的基本特点，后拓展至唐、辽、宋、元等多个朝代，对中国古代建筑风格、美术特征、建筑形制、结构法则等开展了系统分析及深入研究，形成对我国各个时代历史建筑的辨别标准，也使中国营造学社具备了对古建筑的认识和评价。他对研究工作极其重视，因此科学研究成为古建筑修缮工程的基础。他对“几乎每座建筑”都认真进行考证，通过内外区分、主次有别、尊重国情的价值判断和技术选择，解决了西方理论应用于中国古建筑实际中产生的一系列问题，形成包括落架大修、彩画重绘、瓦顶重铺、新技术新材料运用等策略和技术。

长期以来，梁思成先生对中国建筑史的研究，引发了他对古建筑保护的重视。在每次赴各地开展古建筑调查研究之后，他都向当地有关部门提出书面的保护措施及长期保护的计划，积极探讨维修保护的方法，为实施修缮抢救提出建议，逐渐形成和发展了关于古建筑保护的理念和思想。他还努力宣传古建筑保护的意义，并参与文物建筑的维修保护工程。例如1931 年中国营造学社维修故宫角楼，并在验收过程中提出修缮文物建筑的意见，转呈内务部；1932 年受故宫博物院委托，拟定文渊阁楼面修缮计划，并按计划开展维修；1932 年，梁思成先生分别为故宫南薰殿和北京内城东南角楼拟定修缮计划。

1932 年，梁思成先生提出“保持现状，恢复原状”的修缮理念，并明确其运用原则。与此并行的是修缮理念研究。通过“保持现状，恢复原状”的理念，将建筑分为现存的“现状”和初建时的“原状”，以对古建筑的年代信息和风格特征进行评价并指导修缮。对于古建筑状态描述，引入时间和价值的概念，是梁思成先生的重要贡献，通过“现状”概念的应用，改变“原状”的传统理解，并赋予其新的意义，将其定义为“建筑物初建或某时期重建后的状态”。

“保持现状，恢复原状”的提出，从根本上改变了我国古建筑修缮的理念。在“现状”方面，通过超过传统精度和深度的前期勘察，形成整体与局部、普遍与重点、外部与内部相结合的观察方法，重点部位则拆开局部深入观察，并采用摄影及测量绘图，精确量化记录现状问题。在“原状”方面，通过对部分材料的拆解，并借助文献和与清工部《工程做法则例》、宋《营造法式》对照的研究方法，分析古建筑各部分构件、装饰的年代及风格，进行原始状况的判定，据此判断古建筑各部分的价值大小，通过修缮设计，决定取舍，存精去芜，并进一步细化维修保护或拆除修复的策略。

蓟县独乐寺是梁思成先生系统进行古建筑调查的起点，《蓟县独乐寺观音阁山门考》是一篇高水平的论文，在论文的最后专门写了“今后的保护”部分，针对独乐寺的保护提出了鲜明的观点：“观音阁及山门，既为我国现存建筑物中已发现之最古者，且保存较佳，实为无上国宝。”“数十年来，不唯任风雨之侵蚀，且不能阻止军队之毁坏。今门窗已无，顶盖已漏，若不及早修葺，则数十年乃至数年后，阁、门皆将倾圮，此千年国宝，行将与建章、阿房同其运命，而成史上陈迹。故对于阁、门之积极保护，实目前所亟不容缓也。”

梁思成先生在文章中指出：“保护之法，首须引起社会注意，使知建筑在文化上之价值；使知阁门在中国文化史上及中国建筑史上之价值，是为保护之治本办法。而此种之认识及觉悟，固非朝夕所能奏效，其根本乃在人民教育程度之提高，此是另一问题，非营造师一个所能为力。”“在社会方面，则政府法律之保护，为绝不可少者。军队大规模破坏，游人题壁窃砖，皆须同样禁止。而古建筑保护法，尤须从速制定，颁布，施行；每年由国库支出若干，以为古建筑修葺及保护之用，而所用主其事者，尤须有专门智识，在美术，历史，工程各方面皆精通博学，方可胜任。”

梁思成先生在文中提出了三大原则：要教育人民提高古建筑保护意识；要政府重视，要立法；要由专门人才来进行具体工作。他认为，应培养古建筑保护专业人才，没有经过专门的训练，任何人都不能从事文物建筑修缮，就连建筑师也不行。他提出，要做好文物建筑的保护，关键是要提高全民对文物建筑价值的认识，这些有重大价值的建筑不仅属于一个地区、一个国家，而且是属于全世界的。可以说，梁思成先生毕生都在进行这种宣传，他写文章、做报告，向各级领导呼吁，甚至因此遭到莫须有的批评也在所不惜。

在这里，梁思成先生首次阐述了古代建筑维修保护观念，即“古建筑复原问题，已成建筑考古学中一大争点，在意大利教育部中，至今尚为悬案；而愚见则以保存现状为保存古建筑之最良方法，复原部分，非有绝对把握，不宜轻易施行”。这是一句非常重要的话。清华大学建筑学院陈志华教授在《我国文物建筑和历史地段保护的先驱》一文中指出：“保存现状，指的就是保存文物建筑从诞生之日起，到采取保护措施之时为止，它在存在的整个历史过程里获得全部特点，这个观点是 1964 年通过的世界文物建筑保护的权威性规范《威尼斯宪章》的基本思想，现在被国际文物保护界广泛接受。”

在《蓟县独乐寺观音阁山门考》中，梁思成先生首次呼吁出台“古建保护法”。后来，南京国民政府制定过一部《古物保存法》，但是这部法律只提到可移动文物，未提及文物建筑。1949 年之后，国家逐步加大立法力度，其中包括一系列保护文物建筑在内的法律法规，例如 1950 年政务院发布《关于保护古文物建筑的指示》，1961 年国务院公布了第一个全面的国家文物保护法规《文物保护管理暂行条例》。1982 年，梁思成先生逝世 10 年之后，《中华人民共和国文物保护法》正式颁布施行。

开古建筑修缮之新纪元

辛亥革命以后，对于以孔子为代表的儒家思想的存废，经历过较长时期的激烈争论。最终于 1934 年国民政府通令尊孔，在山东曲阜举办了空前规模的隆重的祭孔仪式，并出台了孔庙保护法案。于是，全国各地祭孔与修建孔庙得以广泛开展。1935 年，国民政府正式接手维修曲阜孔庙，由行政院牵头，内政和教育两个部门落实，决定聘请“对于古代建筑有经验学识之建筑专家”主持，开展孔庙的大规模修缮工程。在此背景下，作为全国规模最大、影响最大的曲阜孔庙，修缮工作必然为各方面所关注。

梁思成先生于 1934 年任中央古物保管委员会委员。1935 年 1 月，他接受内政、教育两部委任，负责曲阜孔庙修缮工程。梁思成先生对此极为重视，于当年元宵节当天即抵达曲阜开始准备工作，对孔庙 40 座建筑进行了调查，并开始对部分古建筑进行详细测绘。面对规模宏大、价值突出、问题复杂的孔庙建筑，梁思成先生有足够的学术储备，并且在赴曲阜前对庙宇问题也已经有准确把握迎接挑战。以往古建筑修缮，“焕然一新”是固有思维，而缺少的是科学的修缮理念和相关技术标准，没有可供参考的范例。因此，在孔庙修缮工程中，需要引入现代设计制度，明确由建筑师勘察测绘和设计绘图，并强调施工时必须按图施工，不得随意更改，只有这样建筑师才能掌握古建筑修缮的主导权。

为此，梁思成先生为修缮工程编制了反映古建筑保护思想的具有代表性的文章《曲阜孔庙之建筑及其修葺计划》，载于 1935 年《中国营造学社汇刊》，较全面地阐述了他对古建筑维修的观点。在绪论开篇即阐述了现代的科学修缮理念与传统修缮做法的“两千年以来根本不同之处”。虽然 1930 年国民政府颁布的《古物保存法》及其相关细则，规定了古物保护对象及基本保护措施，但保护重点在可移动文物，较少涉及古建筑的内容，更没有对古建筑修缮设置相应的指导原则与技术标准。因此，梁思成先生认为需要通过曲阜孔庙修缮工程，设定科学合理的程序，探索建立基于现代保护理念的古建筑修缮标准，保障研究成果的落实，形成同类修缮工程的参照，获得广泛的示范意义和社会影响，为设置古建筑修缮制度和体系打好基础。

《曲阜孔庙之建筑及其修葺计划》的主要价值在于提出了许多古建筑维修的基本方法，其中重要的原则，一是保存或恢复各时代建筑之原状，特别是外形不能改变；二是要应用新的科学技术来加固建筑。可见，早在 1935 年，梁思成先生已经针对中国古建筑维修保护确定了基本原则，体现出超前的保护意识和技术运用能力。

《曲阜孔庙之建筑及其修葺计划》中指出:“在设计人的立脚点上看，我们今日所处的地位，与二千年以来每次重修时匠师所处地位，有一个根本不同之点。以往的重修，其唯一的目标，在将已破敝的庙庭，恢复为富丽堂皇、工坚料实的殿宇，若能拆去旧屋，另建新殿，在当时更是颂为无上的功业或美德。但是今天，我们的工作却不同了，我们须对于各个时代之古建筑，负保存或恢复原状的责任。在设计以前须知道这座建筑物的年代，须知这年代间建筑物的特征；对于这建筑物，如见其有损毁处，须知

山东曲阜县孔庙金声门

山东曲阜县孔庙奎文阁上檐斗拱内角

《曲阜孔庙之建筑及其修葺计划》中的插图

其原因及其补救方法；须尽我们的理智，应用到这座建筑物本身上去，以求现存构物寿命最大限度的延长，不能像古人拆旧建新，于是这问题也就复杂多了。”

在这篇文章的最后一段，梁思成先生明确提出，修葺古建筑与创建新房子不同，拆卸之后，我们不免要发现意外的情形，所以不唯施工以前计划要有不可避免的变更，就是开工以后，工作一半之中，恐怕也不免有临时改变的。保护工程中，开始的勘测不可能全面和完善，随着建筑的拆开，将有更多问题出现，修缮设计必须因应问题变化，不可以初始计划施工到底。因此，研究必须贯穿工程始终，每一步都依照研究结果来变更设计计划并指导下一步施工，不断重复“研究—实施—发现问题—研究—实施”的实践程序。研究优先和程序正确，正是《曲阜孔庙之建筑及其修葺计划》所体现的核心精神。

《曲阜孔庙之建筑及其修葺计划》详尽考证了孔庙的历史沿革，突出强调其所具有的价值，全面考虑了孔庙从研究、修缮、利用、管理到宣传教育的保护全过程，形成体系完整、理念科学、技术合理的范例和标准。虽然这是一部古建筑修缮工程计划，但是梁思成先生并没有仅着眼于技术，而是致力于以科学精神重新定义古建筑遗产修缮，以此完善古建筑保护制度，并向社会展示宣传孔庙建筑的价值，提升国民对优秀建筑遗产的价值认同。这一项目历时近半年，是梁思成先生在中国营造学社工作期间投入精力和时间最多的项目之一，所获得的成果也远超中国营造学社此前的工作内容，成为我国古建筑修缮设计方案的最早蓝本，对古建筑遗产保护事业影响深远。

1935 年 1 月，旧都文物整理委员会成立，其宗旨是“以之前帝都遗留的古建筑为依托，加强城市文化建设，改善市政设施，旨在使其成为最大的文化都城”，主要职责是指挥监督整理旧都文物的各项事宜。梁思成先生担任旧都文物整理委员会顾问。同时委员会聘请中国营造学社为技术顾问，在北平的古建筑保护和修缮工程方面会事先由中国营造学社审核，委员会再依据其审核意见、调查报告确定工程的具体程度、资金用度。在建筑事务所完成修缮的相关设计后，再次将设计文件送由中国营造学社审核，通过之后才开始开展招标和进行施工。

这一时期，中国营造学社运用“以匠为师、沟通儒匠”的研究方法及工程实践，对当时各项古建筑保护工程进行了多方面、多层次的研究与探索。在古建筑修缮方面，梁思成、杨廷宝、刘敦桢先生等人合作，对北京的很多古建筑开展了保护工作。1935 年 4 月北平各坛庙的修葺计划启动之前，梁思成先生亲赴测绘及指导相关工作。1937 年，他在审查西安小雁塔塔顶修缮方案时强调“但愿延年益寿，不希望返老还童”。梁思成先生反对什么都焕然一新，所以他特别满意的就是西安小雁塔的修复模式，即保持了小雁塔塔顶被损坏、后期经过加固的样子，符合他的主张。

1944年，梁思成先生在《中国建筑史》中对这一时期的文物保护工作进行了总结。“在古建筑之修葺方面，刘敦桢、卢树森之重修南京栖霞寺塔，实开我修理古建筑之新纪元。北平故都文物之整理，由基泰工程司杨廷宝与中国营造学社刘敦桢、梁思成等共负设计之责，曾修葺天坛、国子监、玉泉山、各牌楼、五塔寺等处古建筑。计划而未实现重修者如曲阜孔庙，曾一度拟修，由梁思成计划。此外如杭州六和塔、赵县大石桥、登封观星台、长安小雁塔等等，皆曾付托中国营造学社计划，皆为战事骤起，未克实现。梁思成、莫宗江设计之南昌滕王阁则为推想古代原状重建之尝试计划也。”

木结构古建筑彩画修缮

梁思成先生以现代力学分析古建筑结构、传统材料及其使用方法，依据研究成果，在古建筑修缮中大量使用新材料、新技术、新工艺，弥补以往做法的不足，为古建筑的保护引入更科学、现代的技术。与此同时，他对新材料使用的部位与做法设置了严格的规范。其中重要的原则是，要求外部严格保护原外观风貌，内部保证结构安全，形成内外不同、区别对待的保护策略。因为中国古建筑的承重体系主要价值在结构安全，而且古建筑内部对古建筑整体以及古建筑群的风貌问题影响较小，采用新材料加固方式可以有效解决结构问题，并且避免对古建筑风貌产生影响，完美地解决了古建筑加固和风貌保护的问题。

中国木结构古建筑彩画与西方建筑内主要起装饰作用的壁画区别甚大。中国古建筑的彩画具备多种价值，使其修缮成为难题。为此，梁思成先生对彩画价值进行分类评估，分清主次，理性对待。他认为，古建筑的保护最重要的是保证木结构安全，而彩画最重要的功能是保护木结构，使古建筑益寿延年，其次才是装饰作用。但是，彩画毕竟具有重要艺术价值，不可轻易决定取舍。因此在古建筑修缮过程中，采取多种方法，尽量保护原有的彩画，但是只要确定原有彩画无法继续保护木结构古建筑，则采用重新绘制的方式。

经过实物勘察结果显示，绝大部分古建筑都是外檐彩画损毁严重，内檐彩画则保存得相对完整。梁思成先生据此在天坛修缮工程中，制定了针对内外檐彩画的不同保护策略，即外檐彩画根据原状重绘，内檐彩画则尽量保存，脱落缺失部分根据原状补绘，此前因不当修缮而导致与原状不符且效果拙劣的部分则依据建筑内檐彩画重新绘制。这种有选择地重绘、尽量保留原物的做法，不但保护了外檐木结构，又大量保留了内檐彩画，最大限度地保护了古建筑的整体价值，同时为科学研究、复原外檐彩画提供了依据，更使彩绘工匠队伍得以传承。这种方法被此后的古建筑保护工程所沿用，但是围绕保护与更新的争论也从未间断。

2007 年 5 月，由中国国家文物局、联合国教科文组织世界遗产中心、国际文物保护与修复研究中心、国际古迹遗址理事会共同主办，故宫博物院承办的东亚地区文物建筑保护理念与实践国际研讨会在北京举办，会议一致通过了《北京文件》。此外，会议建议就木结构彩画保护问题再召开一次国际会议，进一步达成共识。2008 年 10 月，东亚地区木结构彩画保护国际研讨会在京召开，在会议上我以“中国木结构古建筑彩画及其保护实践”为题做了主旨报告，特别提到“诚如著名建筑史学家梁思成先生所言：‘这些彩色（建筑彩画）并不是无用的脂粉，确是木造建筑物结构上必需的保护部分。’这句话非常明确地指出了木结构古建筑彩画的基本功能”。

长期以来，国际历史建筑保护领域以西方保护历史建筑室内壁画为依据，并不认可中国的古建筑保护理论和实践。随着东业地区木结构彩画保护国际研讨会召开，东西方保护领域的深入交流，文化多样性原则被广泛认同，国际社会逐渐认同应该根据各国各地区历史建筑特点采取不同的保护方法。会议经过充分讨论，明确东亚地区木结构彩画重绘的合理性，使之无论从理论还是操作层面，均得到东西方历史建筑保护界的一致肯定。至此，我国现代古建筑修缮理念基本成型。

梁思成先生对于在古建筑修缮过程中保护彩画的理念非常重要。将那些具有较高价值的彩画原状保存下来，是古建筑保护的最高追求，因为任何原始的彩画都代表了当时的建筑艺术、绘画传统和工艺特征，携带着珍贵的历史信息。同时，多年以来中国运用传统做法对已经完全损坏的木结构古建筑彩画进行重绘的做法，也确实具有一定的现实意义。经过认真细致的调查记录、研究论证而复原的建筑彩画，既起到了对木结构古建筑保护的作用，也起到古建筑装饰的作用。而其间继承建筑彩画制作与绘制过程，更是对古建筑传统技艺的传承与延续。

古建筑保护

1944 年，梁思成强调古建筑与街市均为民族文化之显著表现者，并批评城市建设中的大拆大建:“主要城市今日已拆改逾半，芜杂可哂，充满非艺术之建筑。纯中国式之秀美或壮伟的旧市容，或破坏无遗，或仅余大略，市民毫不觉可惜。雄峙已数百年的古建筑，充沛艺术特殊趣味的街市，为一民族文化之显著表现者，亦常在‘改善’的旗帜之下完全牺牲。

近如去年甘肃某县为扩宽街道，‘整顿’市容。本不需拆除无数刻工精美的特殊市屋门楼，而负责者竟悉数加以摧毁，便是一例。这与在战争炮火下被毁者同样令人伤心。”

梁思成先生始终将古代建筑视为人类共同的文化遗产。在抗日战争后期的 1944 ～ 1945 年间，他担任教育部战区文物保存委员会副主任。为了大规模反攻的需要，梁思成先生曾紧张地工作了两个月，任务是为政府及盟军编制一份《战区文物保存委员会文物目录》，并在军用地图上标出经过中国营造学社十多年来的考察，认为最重要的古建筑所在的位置。除按照地区列出文物建筑的名称外，还要对每个建筑的建造年代及其特点、价值做简单的介绍，并附上照片。为了与盟军配合作战的需要，全部资料均采用汉英对照的版本。

当时，梁思成先生为几百处古建筑都评了星级。其中只有两个四星级文物，一个是蓟县独乐寺观音阁，另一个是五台山佛光寺东大殿。蓟县独乐寺观音阁是辽代建筑，建造于 984 年，是梁思成先生第一次考察的宋辽金建筑，所以对他来说刻骨铭心。五台山佛光寺东大殿是梁思成、林徽因先生一生考察发现的最重要的古建筑，是当时发现的唯一的唐代木构建筑。他们对唐代木构建筑的发现，打破了日本学者关于“中国已经没有唐代木构建筑”的说法，赢得了一场没有硝烟的战争。

当时美国发明了远程轰炸机，能够轰炸到日本本土。梁思成先生建议美军在轰炸日本领土的时候，要保护日本奈良、京都的古建筑。北京大学教授考古系主任宿白教授回忆，1947 年梁思成先生在北京大学的一次讲话中曾谈到曾经建议不要轰炸京都与奈良的往事。梁思成先生说：这些古文物不仅是日本人的，也是世界的，是全人类的！如今，“保护人类共同的文化遗产”这一理念，已经成为国际社会保护世界文化遗产的重要思想。

郑孝燮先生在《纪念学术巨人梁思成先生百岁诞辰》一文中说："二次世界大战末期，美军大反攻轰炸日本本土，古都奈良、京都却平安无恙，所以至今日本人一直感谢'梁思成是日本古都的恩人'。原来盟军对日本国土进行总攻击时，梁思成透过美国驻重庆办事处联络官布朗森上校，陈述了保护京都、奈良古建筑的重要性，并提交了一份关于奈良古建筑的图纸，以及这样一段见解：'建筑是社会的缩影，民族的象征，但绝不是某一民族的，而是全人类的共同财产。如奈良唐招提寺，是全世界最早的木结构建筑，一旦炸毁，是无法补救的。'美军接受了梁的建议，并请其助手在军用地图上标绘出区块，进而保护日本古都免于原子弹轰炸。"

北京城墙保护

1951 年 2 月，梁思成先生在《人民日报》上发表了《伟大祖国建筑传统与遗产》，文章赞美中国建筑乃世界上最古老、最长寿、最有新生力的建筑体系。其中，北京无疑是拥有"历史文物建筑比任何一个城都多"的城市，散布在全城大量的文物建筑和由此构成的城市格局，就是北京的历史艺术价值的本身。梁思成先生主张在原则上尽可能保存一切有历史和艺术价值的文物。他说："我们绝没有丝毫的'思古幽情'，我们是尊敬古代劳动人民卓越的创造，要我们的首都每一条街道更能够生气勃勃地代表新民主主义、社会主义时代的伟大面貌。片面强调'交通'、借口'发展'来拆除文物，确有加以考虑的必要。"他建议对古建筑进行调查，立法分级保护。

由于梁思成先生和陈占祥先生提出的《关于中央人民政府行政中心区位置的建议》，即"梁陈方案"没有被接受，新的行政中心建设安排到了北京旧城，“旧城改造”不可避免。于是梁思成先生后来的大部分工作就是保护和抢救文化遗产，奔走呼吁、竭尽所能、屡败屡战。他强调保护古代建筑的整体平面环境，注意保存城市的标志物，例如城墙、城门、牌楼等。同时他一直主张积极地保护，尽最大可能使古代建筑有机地参与到现代城市的职能中，成为现代城市生活不可缺少的一部分，发挥积极的作用，丰富城市的生活面貌。“把文物组织到新的规划中，而不应用片面的理由或个人的喜恶轻率地决定文化遗产的命运。”

梁思成先生首先遇到的是北京城墙的保护问题。中华人民共和国成立初期，一种看法认为北京的城墙是封建时代作战的防御物，现在已经失去效能，成为妨碍北京建设、束缚生产力发展的障碍，主张拆除。理由大致有五条：一是交通方便；二是打破城乡之间思想上和感情上的隔阂；三是城墙已破烂不堪，将来城里盖了高楼，相形之下，极不美观；四是如果保存古物，有紫禁城就够了，莫斯科原有三道城墙，现在也只留下克里姆林宫宫墙；五是拆了城墙可以取得许多砖瓦地皮。简而言之，认为城墙“留之无用，且有弊害，拆之不但不可惜，且有薄利可图”。

梁思成夫妇听到这种说法后非常着急，一起呼吁保护北京城墙，认为城墙是北京古城的标志，是北京古城完整格局的一个有机的组成部分，“它的产生，它的变化，它的平面形成凸字形的沿革，充满了历史意义，是历史现象辩证的发展的卓越标本”。因为它不只是一堆平凡叠积的砖堆，它与长城的意义一样是举世无双的纪念物，它与北京人民一起历经风雨甘辛，“总都要引起历史复杂的情感的”。因此，无论从历史价值、建筑价值、美学价值或者从给后人留下文化遗产的角度，都万万不应拆除北京城墙。

梁思成先生认为北京古城墙是北京发展史在形体上的遗产，是一件艺术的杰作，是“中国的颈环乃至世界的颈环”，是我们的国宝，也是人类极为重要而珍贵的文物。同时，“从城市规划角度看，可利用它为城市分区的隔离物，城墙上可以绿化，供市民游息”。因此拆除城墙的行动不仅是庸人自扰，简直是罪过。梁思成先生为了呼吁各界人士注意保存北京城墙的意义和价值，于 1950 年 5 月在《新建设》杂志上发表了《关于北京城墙存废问题的讨论》一文，全面阐述保存城墙的意义。他同时指出，北京城墙不但应该保存，而且是可以保存的，古城墙与交通的矛盾是可以设法解决的，因此他反对拆除城墙。

北京城墙建成于明初，已经有 500 多年的历史，是世界上历史最悠久、规模最大的城墙。梁思成先生建议保留北京城内外城墙及护城河，把城外的护城河加以修砌后，可以引进永定河水，两岸保留绿地，变成“世界上最特殊的公园之一——一个全长达 39.75 千米的立体环城公园”。城门是主要街道的对景，他建议在城门两旁加开门洞，以城门楼和箭楼为中心做成交通环岛，既可改善道路交通，又能保护文物，突出古城风貌。同时将城楼、角楼等辟为文化馆和小型图书馆、博物馆等，并利用约 10 米宽的城墙顶部布置花池，栽种花草，安设公园座椅，每隔若干距离的敌台上建凉亭，这样夏季黄昏可供数十万人纳凉游憩。秋高气爽时节，可登城俯视全城，远眺西北苍苍的群山，东南无际的平原，以便居民接近自然，开阔胸怀。

1951 年 4 月，他和林徽因先生再次在《新观察》上撰文谈到，北京城内城外无数的文物建筑，尤其是故宫、太庙、社稷坛、天坛、先农坛、孔庙、国子监、颐和园等，都普遍地受到人们的赞美。但是，一件极重要而珍贵的文物竟然没有得到应有的注意乃至被人忽视，那就是伟大的北京城墙。至于它真实雄厚的壁垒，宏丽嶙峋的城门楼、箭楼、角楼，也正是北京体形环境中不可分享的艺术构成部分，我们还需要首先特别提到，苏联人民称斯摩林斯克的城墙为苏联的颈链，我们北京的城墙，加上那些美丽的城楼，更应称为一串光彩耀目的中华人民的璎珞。

从 1952 年开始，北京陆续拆除外城城墙，办法是组织市民义务劳动，或动员各单位拆墙取砖取土。1956 年，随着城市建设的展开，一些建设单位开始从城墙上就近拆取建筑材料。1958 年，在反“保守”的“大跃进”浪潮中，北京市做出拆除城墙的决定，使零星拆取建筑材料的行为，变成为大规模的拆除行动。1959 年 3 月，北京市决定：“外城和内城的城墙全部拆除，需争取在两三年内拆完。”1965 年 7 月北京地下铁道工程开工，1969 年 3 月珍宝岛事件后掀起的挖防空洞的高潮，这些都加速了北京城墙的消失。

1957 年，梁思成先生在《整风一个月的体会》中写道：“北京城市改建过程中，对于文物建筑的那样粗暴无情，使我无比痛苦，拆掉一座城楼像挖去我一块肉，剥去了外城的城砖像剥去我一层皮。”他站在不断被夷为平地的北京城墙遗迹前，默默地流下了眼泪。他曾就此事与领导争论道：“你们把真古董拆了，将来要懊悔的，即使把它恢复起来，充其量也只是假古董。”

直到“文化大革命”期间，经过无数次的批斗，梁思成先生已重病在身，不断地住院做检查。就在这样的情况下，听到当时拆西直门城楼时发现了西直门城墙中包着一个元代的城门遗址，他非常关心，还让林洙女士去给他拍照片回来，并希望能保留下这个元代的古城门。他家人说，都什么时候了，你还关心这个！梁思成先生说，保护古建筑有什么错？我热爱我的首都有什么错？今天，当人们怀念北京城墙和城楼的美好景象时，都会想到梁思成先生，这是北京城市建设史上永远的遗憾。

随着时代的变迁，如今在北京仅剩下崇文门至东便门一段 1500 米左右的明城墙遗址，包括老北京内城的东南角楼，构成明清城墙遗址比较集中的地带。但是，当时由于明城墙遗址区域大量单位、住户的存在，环境极为恶劣，市政基础设施极不完备，垃圾遍地、污水横流，房屋破败不堪。这一切都对城墙遗址造成极为严重的威胁。为了保护仅存的这一段城墙，北京市开展了环境整治和搬迁腾退工作，第一阶段是对明城墙遗址范围内的 79 个占用单位进行腾退。第二阶段是对 2600 户居民分阶段逐批搬迁安置，最大限度地保证区域内居民利益和社会安定。

1996 年 12 月，在明城墙遗址前发生的一幕使我终生难忘。当时我所在的北京市文物局为抢救东便门明城墙遗址，曾在全市发起一场“爱北京城、捐城墙砖”活动，得到了市民的热情支持。很多热爱北京城的市民听到捐城墙砖的倡议后，仿佛顿时省悟，原来这些过去被“废物利用”城墙砖居然也是宝贝。于是，人们把寻找城墙砖、捐献城墙砖看作是热爱北京城的一种实际行动。老城墙砖大多散落在全城各个平房住户院内，有着不同用处，不好找到，也不易取出，但是不少市民体现出很强的文物保护意识，当时为此设立的捐献城墙砖的热线电话几乎被打爆。

一时间，北京市民有的拆掉自家用城墙砖搭建的小厨房和储藏间，把城墙砖取出捐献；有的老人为了找城墙砖，骑着自行车满城转，几乎每天都用自行车驮来一两块自己找到的城墙砖，送到城墙修缮工地。上至八旬白发苍苍的老专家，下至不足十岁稚气未脱的学童，络绎不绝前来捐赠城砖，被北京媒体称为“一道亮丽的风景线”。令人印象深刻的是，一家市民祖孙三代在 87 岁的马宗臣老人带领下，一次次把城砖运到城墙遗址；有的市民从通州用自行车送来了两块城墙砖；更有数以千计的北京市民作为志愿者冒着严寒、踏着残雪到明城墙修复工地参加城墙砖清理工作。

明城墙遗址在保护修缮过程中，注重保护城墙中原有遗迹的历史真实性，总体上采取现状加固的方法，采取传统工艺与材料，以最大限度地保护城墙的历史信息和原有风貌。同时，按照保留现状、恢复原貌、维修险情、加固残状、适当复建的做法，使城墙恢复为连续的整体，得以全面保护，并开始北京明城墙遗址公园的建设。以保护城墙为设计前提，从人的活动和感受出发，形成城墙所构成的特有文化氛围。在较有条件的西段城墙顶部，开辟了梁思成先生提出的京城百姓休憩场所——城墙顶部公园。

2002 年 9 月，明城墙遗址保护修缮竣工，北京明城墙遗址公园正式向公众开放，成为对市民不收费的城市带状绿地公园，当年在京城尚属少见。如今，以古老的城墙为背景的明城墙遗址公园，已经成为人们城市生活中的重要休闲场所，蚕食明城墙遗址的现象彻底消失，代之而来的是绿树成荫、充满韵味的文化遗址公园景观，古朴、绿色、自然，经过修复的城墙高低起伏，呈现雄伟、坚固的风貌，同时洋溢着沧桑之美。掩映在起伏绿荫后的城墙含蓄、隽永，唤起人们对渐渐远去的城墙记忆，也唤起人们对梁思成先生的怀念。

北京牌楼保护

关于北京城墙存废讨论的余波未了，1953 年另一场围绕着牌楼拆迁的论战又开始了。历史上北京老城的街道上有许多牌楼，其中东四、西四路口各有四个牌楼，东单、西单路口各有一个牌楼，这也就是东四、西四和东单、西单地名的来历。前门有五牌楼，大高玄殿前、历代帝王庙前、东交民巷、西交民巷等地都有牌楼，把单调、笔直的街道变成了有序的、丰富的空间，构成北京城古老街道的独特景观。梁思成认为，它们与西方都市街道中的雕塑、凯旋门和方尖牌等相比，更“合乎中国的身份”，更富有民族的性格，应加以“聪明的应用”，形成充满艺术特殊趣味的街市、城市空间和城市标志物。

北京市建设局为牌楼拆迁问题召开了多次座谈会。交通部门认为牌楼妨碍交通，把牌楼看成造成车祸的原因之一；而以梁思成先生为代表的一些专家和学者们坚决反对拆除牌楼。双方坚持己见，互不相让。梁思成先生认为以“纯交通观点”来决定牌楼拆存是片面的，应该从城市整体规划的角度来解决交通与文物保护的矛盾。可以根据牌楼所处的位置，具体分析找出合适的解决办法，例如交叉路口处可采用交通岛的方式，对于那些牌楼本身开间尺寸较大，而且道路条件较好地段的牌楼，则可采取加强交通管理的手段。

针对历代帝王庙前的一对牌楼问题，梁思成先生认为，“所在的一段大街，既不拐弯也不抹角，中间一间净宽 6.20 公尺，足够两辆大卡车相对以市区内一般的每小时 20 公里的速度通过，不必互相躲闪，绝对不需减低速度，若在路面中线上画一条白线，则更保绝对安全，两旁的两间各净宽 5.15 公尺，给慢行车通过是没有问题的”，这样既可以满足现代交通的要求，又保存了北京的街道特色。

1953 年 7 月，梁思成先生再次致信有关领导，反对拆除东四、西四牌楼。此后，由北京市政府与文化部文物局共同组织联合调查小组，对北京城区的牌楼及其他一些古建筑进行调查。最后对牌楼确定了保、迁、拆三种处理方式，即在公园、坛庙之内的可以保存下来，大街上的除了国子监街的牌楼外，都拆移或拆除。东四四牌楼、西四四牌楼、东西交民巷牌楼、前门五牌楼、大高玄殿三重牌楼都拆掉，东西长安街和历代帝王庙牌楼迁到了陶然亭公园里。

北京古桥、古塔保护

1953年初，北京旧城东西交通不畅通成为城市建设中一个亟待解决的问题。而文津街至景山前街是一条横贯东西的重要干道，当时北海的金鳌玉蝀桥桥面狭窄，最窄处只有7米宽，而且坡度为7%，再加上桥两端设有金鳌和玉蝀两座牌楼，以及东行至团城前需要急转弯，因此这里经常发生交通事故，阻碍交通，所以北京市政府决定改造北海大桥。当时由交通部门最初提出的道路设计，是把北海前面的团城整个推平，把西侧的金鳌玉蝀桥扩建成能通行汽车的大桥，同时拓宽景山前街，一条笔直的大道向东西延伸。

梁思成和陈占祥先生认为，改造北海大桥应充分利用该地段景观丰富的特点，通过道路的对景、借景等手法把北海、故宫和景山有机地组织在一起，在缓和交通状况的同时，改善该地段的景观及游览条件。根据这一指导思想，他们提出原金鳌玉蝀桥不动，在其南面再建一座新桥，将交通分为上下两单行线，将两座牌楼移至两桥之间，南桥正对故宫的角楼。之后梁思成先生又指导清华大学建筑系教师关肇邺先生做了改进方案，即新桥较宽，能容交通上下行，原金鳌玉蝀桥仅作为步行之用。

在一次涉及团城留存命运的讨论会上，平时温文尔雅的梁思成先生勃然大怒，站起来说："照你们这样说，干脆推倒团城，填平三海，修一条笔直的马路过去好了，还讨论什么？"情急之下，他不得不直接找周恩来总理呼吁，保护北海团城。他陪同周恩来总理两次登上团城进行实地勘察，提出保留的建议，最后决定中南海围墙南移，在北海大桥的改建工程中，道路拐弯，最终将团城保存下来。梁思成先生说："我们这一代对于祖先和子孙都负有保护文物建筑之本身及其环境的责任，不容躲避。"

现电报大楼附近，原有创建于金章宗大定二十六年（1165）的庆寿寺。

元至元年间增建双塔——海云塔和可庵塔，因此又称双塔寺。由于海云禅师是元大都规划者刘秉忠的老师，所以元大都规划中的城墙都曾避让双塔，一直保留到现代。双塔均为八角密檐砖塔，分别为9层和7层，一高一低，东西排列，互相呼应，造型优美，给单调的街道带来了生气。“先有双塔寺，后有长安街”，庆寿寺双塔见证了北京城从金、元、明、清到近现代的历史。1954年，因西单至新华门段道路狭窄，有关部门决定拆除庆寿寺双塔。

面对这一“重中之重”的市政工程，梁思成先生建议建设街心交通岛，保留双塔，丰富道路景观，为此曾做过一个保护方案，并绘制了双塔街心公园的效果图，即把这两座古塔做成一个交通环岛、街心小公园。但是这一建议遭到交通部门的强烈抵制。在这种情况下，梁思成先生提出了著名的“缓期执行”的观点，即按“保留双塔，道绕塔行”方案，将双塔保留一年，观察效果如何，再定存废。即便如此，梁思成先生的方案也没有被采纳，双塔很快就被拆除。双塔拆除后，梁思成先生批评有关方面“对庆寿寺的拆毁不够慎重，当时有争论，有关方面没有很好考虑就拆掉了”。

以上案例表明，梁思成先生对待北京城墙、牌楼、古桥、古塔等文物古迹的态度，是希望通过慎重研究，以求“古今兼顾，旧新两利”。为了保护文物古迹，他不惜以政治生命为代价，四处奔走呼吁，竭力争取留下记忆城市历史的文物建筑，耗费了大量的心血。令人遗憾的是，当时北京城市大规模的建设已经展开，大量文物古迹被拆毁的情况难以避免。目睹这一情况，面对这些无解的难题，梁思成先生仍然大声疾呼，动真感情。他应该很清楚最终的结局，因为这些文物建筑能够保存的前提已经失去。梁思成先生的可贵也正在于此，即便失败，也要努力争取，因为这是一名学者的执着、责任和良知。

吴良镛教授在《梁思成思想研究的时代意义》一文中说：“梁思成先

生始终走在学术思想的前列，他的追求正是时代的需求。”“在学术研究领域，梁思成先生更是成就卓著。他的研究是一个践履笃实、拾级而登的过程；在确定的目标下，以严谨的态度、科学的方法，进行系列化的研究，逐步探索、推进，虽步履维艰，但不舍不弃。”“更为可贵的是，梁思成先生始终是一个表里如一、胸无城府的人，对违背他专业信念的事，用他自己的话说就是‘我就要冲上去’，有时甚至奋不顾身，是个‘老小孩’。”

“整旧如旧”的古建筑修复观念

在文化遗产保护方面，梁思成先生既是重要的开拓者，更是永不妥协的守护者。1957 年 7 月，在人民代表大会上，梁思成先生对破坏文物的行为提出批评：“有些地方甚至于看中了一些文物建筑的‘经济价值’，而忽视了它们更大的、无可补偿的历史、艺术价值，做出了因小失大、‘焚琴煮鹤’的事情。河北宝坻县广济寺的一座辽代大殿被拆去修成潴龙河上的公路桥；浙江龙泉县的三座宋塔被拆去修公路；北京外城的城墙以及数不尽的县城都因为它们的城墙有‘经济价值’作为理由之一而被拆除了。吉林省无数县城村镇的庙宇，真正具有还可使用的经济价值的，却又以破除迷信为理由而被拆毁了。”

在这次会议上，梁思成先生还谈道：“许多城市的规划和改建说明，规划人员只把一些文物建筑当作留之无用、弃之可惜的包袱，无可奈何地把它们保存下来，认为它们是城市发展中的绊脚石，恨不得一下子把它们都铲除得一干二净。他们没有认识到许多文物建筑在构成一个城市时的积极因素，没有把它们有机地组织到新城市的规划中，来丰富城市居民的生活，来丰富社会主义城市的面貌。问题在于我们城市规划人员是不是能够正确处理城市发展过程中新旧间的矛盾的问题。若能很好地处理，文物建筑就不但不妨碍城市的发展，而且会给城市锦上添花。我们希望文物建筑的问题能够得到地方政府、建设单位和规划设计人员的重视。”

20 世纪 50 年代，作为国家文物局的直管工程，赵州桥维修保护正式启动。国务院拨款 30 万元专项维修资金，并邀请梁思成先生等古建筑、桥梁、工程方面的专家制定实施维修的方案。经过长达 6 年修缮之后，1958 年，赵州桥终于恢复健康状态。1961 年，国务院将赵州桥公布为首批全国重点文物保护单位。1964 年 3 月，梁思成先生和茅以升先生在重访赵州桥维修保护工程和正定古建筑之后感叹：“这些历史胜地、千年文物，许多已经更加健康、壮实，而且也显得‘年轻’了。它们都将延年益寿，作为中华民族历史文化的最辉煌的典范继续发出光芒，受到我们子子孙孙的敬仰。”

针对当时文物建筑保护工作的状况，梁思成先生在 1964 年第 7 期《文物》杂志上发表了《闲话文物建筑的重建与维护》一文，其中写道：“几千年的历史给我们留下了大量的文物建筑。国务院在 1961 年已经公布了第一批全国重点文物保护单位。在我国几千年历史中，文物建筑第一次真正受到政府的重视和保护。每年国家预算都拨出巨款为修缮、保管文物建筑之用。即使在遭受连年自然灾害的情况下，文物建筑之修缮保管工作仍得到不小的款额。这对我们是莫大的鼓舞。”

在这篇文章中，梁思成先生全面而系统地提出了一系列古建筑维修保护观点：一是整旧如旧与焕然一新；二是一切经过试验；三是古为今用与文物保护；四是涂脂抹粉与输血打针；五是红花还要绿叶托；六是有若无，实若虚，大智若愚。也正是在这篇文章中，梁思成先生更加明确地提出“整旧如旧”的主张：“我认为在重建具有历史、艺术价值的文物建筑中，一般应以‘整旧如旧’为我们的原则。这在重修木结构时可能有很多技术的困难，但在重修砖石结构时，就比较少些。”如今“整旧如旧”已成为古建筑保护工作中公认的重要原则。

在文章中，梁思成先生提出了“古为今用与文物保护”的问题：“我们保护文物，无例外地都是为了古为今用，但用之之道，则各有不同。北京故宫，尽管被利用为博物馆，但绝不是符合现代博物馆的要求的博物馆。但从另一角度说，故宫整个组群本身却是更主要的被‘展览’的文物。上面所列举的若干类文物和建筑之为今用，应该说主要是为供观赏之用。当然我们还对它进行科学研究。”“文物建筑不同于其他文物，其中大部分在作为文物而受到特殊保护之同时，还要被恰当地利用。应当按每一座或每一组群的具体情况拟订具体的使用和保护办法，还应当教育群众和文物建筑的使用者尊重、爱护。”

在文章中，梁思成先生还提出了“红花还要绿叶托”，即古建筑环境保护问题。他认为，一切建筑都不可能脱离其环境而独立存在，不能“独善其身”。因此，“我们爱护文物建筑，不仅应该爱护个别的一殿、一堂、一塔，而且必须爱护它的周围整体和邻近的环境。我们不能坐视，也不能忍受一座或一组壮丽的建筑物遭受各种各式直接或间接的破坏，使它们委屈在不调和的周围里，受到不应有的宰割”。指出“在文物建筑的保管、维护工作中，这是一个必须予以考虑的方面”。重读梁思成先生的文章，可以清楚地看到，他针对中国文物建筑保护的一系列具有前瞻性的理论与主张。梁思成先生通过举例说明他对“文物建筑的重修与维护”的独到见解：“古来无数建筑物的重修碑记都以‘焕然一新’这样的形容词来描绘重修的效果，这是有其必然的原因的。首先，在思想要求方面，古建筑从来没有被看作金石书画那样的艺术品，人们并不像尊重殷周铜器上的一片绿锈或者唐宋书画上的苍黯的斑渍那样去欣赏大自然在一些殿阁楼台上留下的烙印。其次是技术方面的要求，一座建筑物重修起来主要是要坚实屹立，继续承受岁月风雨的考验，结构上的要求是首要的。”

梁思成先生认为“把一座古文物建筑修得焕然一新，犹如把一些周鼎汉镜用桐油擦得油光晶亮一样，将严重损害到它的历史、艺术价值”。他说:“游故宫博物院书画馆的游人无不痛恨乾隆皇帝。无论什么唐、宋、元、明的最珍贵的真迹上，他都要题上冗长的歪诗，打上他那‘乾隆御览之宝’‘古稀天子之宝’的图章。他应被判为一名破坏文物的罪在不赦的罪犯。他在爱惜文物的外衣上，拼命地表现自己。我们今天重修文物建筑时，可不要犯他的错误。”

在谈到龙门奉先寺卢舍那大佛的保护方案时，梁思成先生指出，卢舍那大佛原来有木构楼阁保护，但是早已被毁，致使卢舍那大佛露天危坐已经好几百年，成为人们脑海里对于龙门石窟的最主要印象。为了防止这组中国雕塑史上的重要杰作继续遭受日晒雨淋，当地拟建保护设施，但是许多方案都采取柱廊的方式，采用粗壮的大石柱，上有雕饰的柱头，下有华丽的柱础；柱上有相当雄厚的檐子，给人们的印象略似北京人民大会堂的柱廊。这不仅“喧宾夺主”，使人们看不见卢舍那大佛的组像，而且改变了龙门的整个气氛。

1964 年 5 月，在意大利威尼斯举行的第二届历史古迹建筑师国际会议，通过了著名的《保护文物建筑及历史地段的国际宪章》(简称为《威尼斯宪章》)。这部宪章总结了世界各国在保护古建筑中的经验教训，提出有关历史古迹定义、保护、修复、发掘等方面的原则与纲领。这些内容得到世界各国的公认，因而成为世界文物保护方面具有权威性的宪章。

这部宪章提出：古迹保护包含着对一定环境的保护；修复中可采用有关的现代建筑及保护技术；无论在任何情况下，修复的前后必须对古迹进行考古及历史研究；为社会公用之目的使用古迹永远有利于古迹的保护等。这些原则都与梁思成先生的主张完全一致。这自然不是偶然现象，因为梁思成先生对中外古代建筑的价值都有深刻的认识。无论在美国留学、在欧洲考察，还是在国内从事研究工作时，他都密切注意和研究文物建筑保护的理论与实践，站得高，看得全，想得远，因此他提出的主张必然带有普遍性，经得起历史的考验。

《威尼斯宪章》的立论基础是强调历史的“真实性”，要求在补足古建筑缺失、损毁的部分时，与原来的部分做出区分，防止补足部分使原有的艺术和历史见证失去真实性。例如宪章规定，在修补古迹缺失部分时，修补部分须区别于原作，就像我们在罗马见到的斗兽场和一些古迹中的柱子那样，斗兽场用砖或其他材料修补部分，与原来的石料有明显的区别；一些石头柱子的柱头，柱身有损坏，用砖填补后外观上也保持明显区别，这就是修复工作中的可识别性原则。与之不同，梁思成先生主张修补部分最好与原貌相协调。他十分赞赏山东观音寺砖塔的维修方法，缺损部分用旧砖补砌，新旧浑然一体，他认为这样做基本上保持了这座塔的风格和个性。在孔庙修葺中，梁思成先生认为，应极力避免因用了新材料而给参观者得到与原材料极不同的印象的做法。

由于当时中国与西方学术交流很少，中国引入《威尼斯宪章》时，距其发布已经过去了 22 年。1986 年，清华大学主办的期刊《世界建筑》首次在国内刊载了《威尼斯宪章》。半个多世纪以来，国际文化遗产保护的主流观念，已经发生了深刻变化。其中联合国教科文组织发布了一系列公约、宪章、文件，在历史建筑保护方面强调“真实性”和“完整性”，并逐渐成为国际遗产保护的普遍理论。如今来看，梁思成的“整旧如旧”的古建筑修复观念，虽然不是古建筑维修保护的标准，但是这一理念影响深远，成为此后文物保护领域长期遵循的范本和原则。

柒

“古今兼顾，新旧两利”
——历史性城市规划的原则

“北京城是必须现代化的；
同时北京城原有的整体文物性特征
和多数个别的文物建筑又是必须保存的。
我们必须‘古今兼顾，新旧两利’。”

梁思成先生是中国城市规划事业的推动者。

作为中国现代城市规划事业的杰出先驱，梁思成先生创立了意涵丰富的建筑、城市和相关学科研究体系。在他的学术思想中，城市是科学技术与文化艺术的结晶，即“城市是人类文化的整体的表现”，传统的城市设计思想与现代的城市规划思想是一个整体。为此，他坚持从历史文化角度去追求城市形象的个性和特色。纵观梁思成先生的一生，他最显著的成就是作为建筑史专家而开展的许多开创性的工作。同时不应忽视的是，他对城市规划工作也有着特别的贡献。

对有机疏散理论的借鉴

虽然关于都市计划或城市设计的内容，不见于梁思成先生就读的宾夕法尼亚大学的课表，也不见于他在东北大学的教程，但是，他实际上较早就参与了城市规划实践。他第一次参与城市规划方面的研究，可以追溯到在东北大学主持创办建筑系期间。1929 年 12 月，南京国民政府制定公布了《首都计划》。这一计划公布后，全国一些大城市纷纷仿效，天津特别市也受此影响，于1930年向全国征集城市规划方案。当时在天津市政府负责城市建设的市政专家张锐，力邀清华大学同窗好友梁思成先生参加此次征集，最终他们两人合作设计的《天津特别市物质建设方案》成功中选，此为梁思成先生投入城市规划实践之始。

这一时期，也是梁思成先生的规划思想萌芽阶段。《天津特别市物质建设方案》是天津城市发展史上第一次总体规划，也是继南京《首都计划》后，首次通过竞赛，由中国建筑师完成的设计规划。当时南京是民国政府首都，北京是座文化古都，而天津则是在华北地区承担发展工商业职能的城市。因此他们在规划中提出天津城市发展的首要基础是“鼓励生产，培植工商业，促进本市繁荣”的主张。尽管这一规划未能付诸实施，却为当时的城市建设提供了颇具价值的规划建议和诸多新的技术借鉴。参与这项工作，既显现出梁思成先生对城市规划工作的关注，也奠定了他的城市规划思想的基础。

梁思成先生对新生事物有着非常敏锐的洞察力。1940～1945年在偏僻的四川李庄期间，他始终没有停止研究工作，继续涉猎城市规划领域。这也得益于美国汉学家费正清委托来华访问的美国副总统H.华莱士交他的一箱图书，使他得以了解国际城市规划学术动态。其中就有G.E.沙里宁教授于1943年出版的新著《城市：它的生长、衰败和未来》，书中系统总结了20多年来沙里宁关于有机疏散的理论和实践。沙里宁是20世纪中叶的一位杰出的建筑和城市规划理论家，倡导“有机疏散”论和近代“城市设计”，而这两者共同构成了沙里宁城市学说的主体。

沙里宁城市学说中的有机疏散理论，是20世纪初城市分散主义思想的一个分支。沙里宁指出，西方很多近代城市发展到一定程度，就因无序的发展而造成了城市拥挤、交通拥堵、环境污染等种种让人头痛和诅咒的“城市病”，要根除这种状况就必须对已畸形发展的城市进行大手术。大手术的目标包括三个方面；第一，把衰败地区的活动转移到更适于这些活动的地方去；第二，把腾出来的地区改作其他最适宜的用途；第三，要保护各种老的和新的使用价值，以求使城市的每一个区域都能正常发展，而不致妨碍其他区域。

沙里宁认为，为达到上述目标，城市必将走向分散，城市布局要从“单中心”走向“多中心”，然而这种分散并非无秩序的任意分散，而是有机分散。只有使分散过程“有机化”，方能达到目的；只有通过有机分散，才能获得持久的健全成果。梁思成先生反复阅读《城市：它的生长、衰败和未来》一书，在书中做了详细的批注，并于 1945 年 8 月抗战即将胜利之际，在重庆《大公报》上发表了一篇重要的文章《市镇的体系秩序》，专门介绍了沙里宁的城市学说。文章探讨了沙里宁有机疏散的理论和该理论对中国战后重建的启发，提出“市镇计划”是民生的基本问题之一。

沙里宁的有机疏散理论对梁思成先生影响至深。他极富远见地提出战后城市的重建与发展应借鉴有机疏散理论，需要避免战后中国城市发展重蹈西方“大都市病”的覆辙，否则，“一旦错误，百年难改，居民将受其害无穷”。梁思成先生提出的对策就是将一个大都市分为许多“小市镇”或“区”，每区之内，人口相对集中，功能齐备，区与区之间设立“绿荫地带”作为公园，并严格限制每个区的人口和建筑面积，不使之成为一个“庞大无限量的整体”。有机疏散理论后来就体现在著名的“梁陈方案”之中，核心思想是整体保护古城，平衡发展城市。

梁思成先生认为城市规划一定要有远见。他预见到战后是“新中国成立开始的关头”，要“预先计划，善予辅导，使市镇发展为有秩序的组织体”，呼吁社会重视城市规划，希望今后各大学增设建筑系与市镇计划系。他在文中提出“住者有其房”“一人一床”的社会思想，指出“安居乐业”是城市规划的最高目的。为了达到这一目标，他认为只有组织有秩序、预先计划、按步建造方能奏效，具体地说就是运用有机疏散的原则和措施以实现这一目标。这一观点也成为他后来在北京城市规划中提出依托旧城建设新城方案的重要理论依据。

“体形环境论”

长期对古代建筑保护的重视，促进了梁思成先生的历史城市保护思想的形成。1949 年以后，他的城市规划和历史城市保护思想有了更大的发展，所考虑的问题已不仅仅是由建筑物构成的城市，而是把城市看作“人类文化综合的整体的表现，是为了解决有关于‘住’的一切问题，而为自己创造出来的有体有形的环境——‘体形环境’”。他的历史城市保护思想更加明确。

1949 年 6 月 11 日，梁思成先生在《人民日报》上发表《城市的体形及其计划》一文。这是他研究城市规划与建设问题的一篇重要学术论文，体现出当时对于现代城市规划及建设问题的理解和认识。当时，北平城市建设工作即将展开。在工作刚刚开始的时候，梁思成先生将若干关于城市体形计划的基本原则，先提出来进行探讨。

梁思成先生对欧美城市自从开始工业化以来，“只顾自己建厂的方便，不顾文物，不顾风景，剥削了人民游憩的地方”等弊病提出批评。无秩序无计划发展的结果，使得城市各项功能无一能充分发展，只余互相妨碍。

伦敦、纽约、巴黎以及许多大都市已成了不可居住、不宜工作、不能游憩、不得行动的地方。伦敦、纽约都预计需要用 50 年的时间、数不清的人力物力，来矫正这些弊病。它们是我们的前车之鉴！他认为，在中国的上海、汉口、广州等大工商业都市，已呈现出了这种状态。

梁思成先生认为，一座城市是城市内一切活动的体形空间，若是体形不适宜于活动方式，则一切必紊乱。所以在计划体形之前，必须对城市人口、工商业以及一切社会现象都应有精确的调查统计。他阐述，居住、工作、游憩、交通是城市的四大功能，在城市居民的生活也可分为这四种活动。因此，城市必须满足居民这四种活动的要求，这四个功能是缺一不可的。从今日起，中国的每一个城市，无论新旧，都必须计划和改善，以迎接无尽的明天。为此，他提出了建立城市体形的一系列目标。

在居住功能方面，他强调人们需要一个居住的家，这个家至少须能满足睡眠、休息、饮食、养育儿女及其他生理方面的基本需要。具体要求为：一是适宜于身心健康，使人可以安居的简单朴素的住宅，周围有舒爽的园地，充足的阳光和空气，接近户外休息和游戏的地方。二是小学的位置，在距离每一所住宅都适当而安全的步程之内。三是食品和日常用品的商店，距离每一所住宅都在适当步程之内，为节省购买人的步程和商贩的运送，每一个住宅区单位中的商店应该集中在一个或几个中心，每个中心都应有可以停放摇篮车和可以供幼童游戏的安全地方与设备。四是社区性的娱乐与集合设备，也在每一所住宅步程之内。

在工作功能方面，他强调人们需要工作，无论他的职业是什么，都应有工作的地方。具体要求：一是工作地距离住宅不宜太远，以避免时间、精力、金钱的耗费；避免造成街上车辆的拥挤和车内乘客的拥挤。二是街道与房屋的设计关系，应使每日的工作与游憩都需要横过街道的路线减至最低度。三是大规模的商店、博物馆、剧场等，供多数人的需用并需多数人维持，须位置适中，建筑式样和谐，使用方便，且须有充分的停车场地。

在游憩功能方面，他强调人们需要游憩，无论何人在睡眠、饮食与工作之外，必有多多少少的空闲时间，这些空闲时间之内，他须有适当的游玩或休息的空间。具体要求为：一是幼童、儿童、少年、青年、成年人都应有适当的游戏地方，不应逼着儿童在马路上跳蹦、打石子，成年人也不应被逼使在路旁倚着电杆无聊，或在街旁赌博。二是公园须可供散步坐息之用，并且不宜太小，至少须有在自然空间的感觉。三是一切自然的优点——如风景、山岗、湖沼、河海等——都应保存而利用。四是全部建筑式样应和谐。五是公共建筑需要建立在方便适中并且观瞻壮美的位置上。

在交通功能方面，他强调人们需要交通，因为人属于动物，动物是必须要动的。由一个地点动到另一个地点便是交通。具体要求为：一是街道按功用分别设计并须极力减少，过境车流大道、市内交通街道以及兼有市际交通和游息性双层功用的林荫大道，都各有不同的用途，须有不同的设计。二是与外界的交通须缜密计划，铁路、飞机场、市际公路、过境公路等，须在安全而方便的位置上，而且须足供运输量的需求。三是尽可能地减少汽车的危险性——对于行路人、自行车、三轮车、汽车司机和乘客的危险性。欧美各国车祸之多是近代社会中一个可耻而不可饶恕的现象，适当的设计是可以减低这类危险性的。

梁思成先生强调，这一系列目标并不是空洞的理想，而是绝对可以实现的目标。为使每一个城市居民可以安居乐业，为保持每一个城市居民身心双方面的健康，为提高全国的生产工作效率，我们应该向这些目标同时全面努力，应将四大功能在体形方面进行合理适当的部署。部署的基本原则在使四大功能之间，得到合理的隔离、合理的联系。因功能之不同所以须隔离，但一切功能之间都有连带性，所以须联系。如何取得合理的隔离与联系就是计划。他讲到，前车之辙布满了全欧美，新民主主义的新中国在建设开始的时候，可以从第一步就不蹈人家的覆辙，这是后来居上者所应把握住的机会。

在《城市的体形及其计划》这篇文章里，梁思成先生还对北平的发展做了区域性的思考："现代交通工具已将世界缩小了，没有一个城市能再孤立地独善其身。每一个城市与邻近的城市，乃至更远的城市，都是息息相关的。例如北平、天津、唐山、张家口、石家庄都与北平有关系。如唐山的煤、天津的进出口贸易等等的问题，都可影响到北平的计划。所以计划一个城市，邻近城市乡村的地理、社会、经济情形，必须使与本城配合。"这是梁思成先生较早提出京津冀地区合作发展的主张。

1951 年，梁思成与林徽因先生合作撰写了《城市计划大纲》（即 1933 年《雅典宪章》）序，更为热情地提倡现代规划理论。同时认为《雅典宪章》是西方的一些建筑师为了解决工业化和城市化过程中所产生的城市弊病和社会问题而构想的理想蓝图。但是《雅典宪章》所提出的功能城市未能触及人类聚居问题的核心，未能满足人的精神层面上的要求，且无法反映出动态的社会组织所形成的社会结构。

梁思成先生认为建筑和城市是文化的综合表现，这在当时的历史条件下极其难能可贵。他认为，城市历史变迁总会引起后人复杂的情感。人们为了适应其生活的特定的环境而创造了自己的文化，这种带有浓厚地方性的文化又反过来培养着生活在这一环境的人。人们从孩提时代起就开始逐渐地熟悉这个环境，并逐步发展成为决定他的将来的知觉意识，这种意识包含着人类关系的普遍结构以及地方性和文化性，即人们对其生长的环境将产生一种归属感和安全感。在当时忽视城市和建筑文化属性的社会环境下，他冒着受批评的风险，在各种场合多次强调这一观点，大声疾呼，提醒人们重视城市和建筑的文化性。

“古今兼顾，新旧两利”

北平和平解放之后，1949 年 5 月 22 日，北平市都市计划委员会正式成立，梁思成先生担任都市计划委员会委员。北平市都市计划委员会的任务是：在保持北平为一文化中心、政治中心及其历史古迹和游览性的原则下，把这个古老的封建性的城市变为一个近代化的生产城市。

1950 年初，北京市政府对所属部门进行改组，原来由北京市建设局承担的城市规划行政管理职能，改由北京市都市计划委员会承担。于是北京市都市计划委员会从之前的议事性组织，转变为北京市政府的城市规划部门。之后通过了北京市都市计划委员会组成人员名单，“主任委员聂荣臻，副主任委员张友渔、梁思成”，于是梁思成先生成为北京市都市计划委员会的核心领导之一。由于聂荣臻和张友渔分别是北京市市长和副市长，不能专职城市规划，因此梁思成先生无形中逐渐承担起“执行主任委员”的角色，开始对北京城市规划投入更多的时间和精力，为首都的规划建设殚精竭虑。

对于北京整体城市规划，梁思成先生认为要放弃以旧城为中心，在合适的地点建筑新市区，并将首都行政中心区设置于新市区，按照“古今兼顾，新旧两利”的原则，将北京旧城保护与新市区开发建设有机地结合起来，以建设好首都北京。这个范式的提出，既是梁思成先生对世界古都保护经验的积极借鉴，也是对于北京城市特色的深入研究。他认为行政中心区的位置，是北京全部都市计划关键所系的先决条件，这个总前提如未实现，之后的一切努力都难以如愿。然而如何实现“古今兼顾，新旧两利”，他深感自己肩上的责任重大。

早在1949年5月8日，在北平市建设局召开的都市计划座谈会上，梁思成先生提出将五棵松新市区建设为行政中心区，认为那里应该是“联合政府所在地或最少是市政府所在地”。与会的北平市市长也表示：“今天集中讨论一下西郊建设问题，免得老在北平城里挤。”此后，会议决定实地测量西郊新市区，并授权梁思成先生带领清华大学营建学系全体师生设计西郊新市区草图。同时，梁思成先生举荐陈占祥先生参与北平的城市规划工作。陈占祥先生在英国时就追随导师P. 阿伯克隆比爵士做“大伦敦规划”，是有机疏散等理论的具体实践者。

但是，这项工作在不久后就遇到挫折。1949年9月，北平市政府邀请以莫斯科市苏维埃副主席V. 阿布拉莫夫为首的17人市政专家工作组到达北平，帮助研究北平的城市规划和建设。在1949年的国庆节，梁思成先生等与苏联专家们在天安门城楼上见面。苏联专家指着东西长安街对他们说，今后新中国的中央政府行政区就应当设在东西长安街道上。中央政府行政区地点问题的讨论由此展开。1949年11月，苏联专家向北京市政府提交了《关于北京市将来发展计划的问题的报告》。

1949年12月，苏联专家工作组在六部口市政府大楼召开了城市规划汇报会。北京市各部门领导和梁思成、陈占祥等专家出席了会议。梁思成先生认为行政中心位置的选择是首都规划的关键，应予慎重考虑。他反复说明在北京旧城已经没有足够的土地来建设行政中心，行政中心最好设在月坛以西、公主坟以东的位置。苏联专家则坚持行政中心放在旧城内最经济。苏联专家的意见与梁思成先生的规划设想存在明显分歧，此后经过多次讨论，双方各执己见，争论得十分激烈，未能达成统一的认识。

梁思成先生感到如此争论下去，不会有什么结果，应该写成书面材料上呈决策部门。为此，他和陈占祥先生又对北京城市规划做了进一步的研究。“经过半年缜密反复的研究，依据种种客观存在事实的分析结果，认为无论是为全面解决北京建设的问题，或是只为政府办公房屋寻找地址，都应该采取向城外展拓的政策。”二人于 1950 年 2 月完成了《关于中央人民政府行政中心区位置的建议》及有关图纸十余张，即著名的“梁陈方案”。当时，二人自费将“梁陈方案”刊印 100 份，报送中央政府、北京市政府的领导。

《关于中央人民政府行政中心区位置的建议》这份长达 2.5 万字的建议书，共分为 3 个部分，包括“必须早日决定行政中心区的理由”“需要发展西城郊，建立新中心的理由”“发展西郊行政区可用逐步实施程序，以配合目前财政状况，比较拆改旧区为经济合理”，并附 8 项说明。概括来说，“梁陈方案”主张在北京古城以西建设中央行政区，整体保护北京古城，平衡发展城市格局，避免单一中心城市弊病，以及避免大规模旧城改造带来的经济、社会负担。其中，他们和苏联专家最主要的矛盾在于城市性质和城市布局方面的认识问题。

在城市性质方面，苏联专家认为，北京作为首都，应不仅为文化的、科学的、艺术的城市，同时也应该是一个大工业城市。北京市的工人阶级人口比例仅占全市人口的 4%，而莫斯科的工人阶级人口比例则占全市人口的 25%，所以北京是一座消费城市，大多数人口不是生产劳动者，而是商人。因此发展北京的大工业，首先是具有社会政治意义。其次，可以为居民提供就业的机会，为科学研究提供实验的场所。

梁思成先生则认为:“北京不只是一个普通的工商业城市，而是全国神经中枢的首都。”北京城市规划首先应当符合北京作为首都的特点和要求。要体现出“中华人民共和国政府行政中心所在及被人民所爱护尊崇的印象，产生精神作用，成为庄严整肃的环境”。他指出北京是古代文化建筑集中的城市，不宜发展工业，最好像华盛顿那样是个政治文化中心，并像罗马、雅典那样的“古迹城”，使北京成为招揽世界游客的“旅客城市”。按现在的话来说，就是北京应成为全国的政治文化中心，以及用于国际交往的游览中心，而不是经济和大工业中心。梁思成先生把旧城规划为文化游览区，既包括博物馆及纪念性的文物区，也包括旧苑坛庙所改的公园休息区，还包括特殊文娱庆典中心的大广场，以及居住区和市政服务及商业服务区。

在城市布局方面，苏联专家认为新行政中心要放在旧城内，这样才能经济、迅速地解决配置政府机关的问题和美化市内的建筑。他们指出北京是一个美丽的历史古都，新建良好的行政房屋来装饰北京的广场和街道，可以提高新中国首都的重要性。而另建新市区则需要几十年的时间才能将新市区建设成如同北京城当时那样的规模。旧城内已有文化和生活必需的设施和基础设施，而在“新市区”则需要从头开始建设，因而是不经济的。

梁思成先生则认为将政府行政中心放在旧城内既不能适应本身的功能要求，也不利于古城保护。“我们的新建筑，因为根本上生活需要和材料技术与古代不同，其形体必然与古文物建筑极不相同。它们在城中沿街或围绕着天安门广场建造起来，北京就立刻失去了原有的风格，而成为欧洲现在正在避免和力求纠正的街型。无论它们单独本身如何壮美，必因与环境中的文物建筑不调和而成为掺杂凌乱的局面，损害了文物建筑原有的整肃。”“且行政区自己没有区域，没有范围，长列在干道的两旁，由东城至西城，没有一个集中点，且绕着故宫或广场，增加了很大距离。它的区域就是其他区域间的交通孔道，也是不妥当的。只有避开这旧区的正中位置，另求中心，才是两方面合理的解决。西郊公主坟以东一带，就是具体地解决这个问题，是行政区较合理的新位置。”

“梁陈方案”分析了一些国家城市发展过程中的弊病：“欧洲的大城市都是蔓延滋长、几经剧烈改变所形成的庞杂组合。它们大半是由中古城堡、市集，杂以十八世纪以后仿古宫殿大苑，到十九世纪初期工业无秩序的发展后，又受到工厂掺杂密集和商业化沿街高楼的损害，铸成区域紊乱、交通困难的大错。”同时指出：“一个城市的发展，必须使其平衡。十九世纪资本主义的城市因为无计划、秩序，无限度的发展，产生了人口及工商业过度集中、城乡对立尖锐化的现象，造成了人口过挤的‘城中心区’、极拥挤的住宅楼房、所谓‘贫民窟’以及车辆拥挤等等病态，是我们前车之鉴。”

“梁陈方案”指出：“因为不平衡的发展，必将造成不平衡的车流，集中在若干条街道上。因为无秩序不平衡的发展，必有大量居民每日长途跋涉到工作地，增加车辆交通，造成车辆拥挤的现象。伦敦700万人口中，有100万运输工人，造成平均每7人中有1人以运输为业，将其他6人的身体、生产品和消费品运来运去的不合理的、滑稽现象。洛杉矶百老汇路上，今日汽车的速度比1910年马车的速度还慢。纽约第五街并不太热闹的一段，汽车速度与步行相等。这种交通疾病，都是都市不平衡发展的结果。”

“梁陈方案”系统地整理了此前各方面关于北京郊区另辟新城、疏散式发展的思路，不再以日本人开辟的“西郊新市区”为选址，而是在“西郊新市区”和旧城之间另选一块新的基地，规划一个全新的中央行政区。

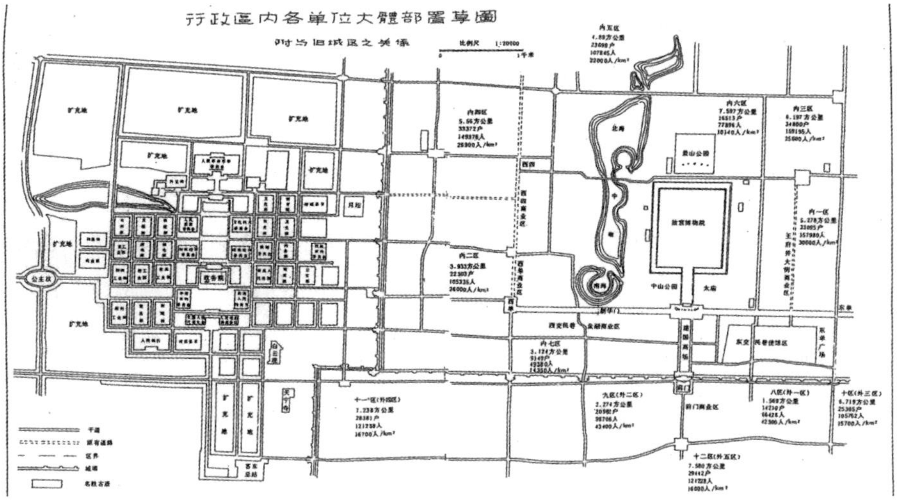
梁思成、陈占祥：北京西郊新行政中心行政区内各单位大体部署草图（1949）

主要内容包括：“建议：早日决定首都行政中心区所在地，并请考虑按实际的要求，和在发展上有利条件，展拓旧城与西郊新市区之间地区建立新中心，并配合目前财政状况逐步建造。”具体“建议展拓城外西面郊区公主坟以东，月坛以西的适中地点。有计划地为政府行政工作开辟政府行政机关所必需足用的地址，定为首都的行政中心区域”。这一区域“西面接连现在已有基础的新市区，便利即刻建造各级行政人员住宅，及其附属建设。亦便于日后发展”。

“梁陈方案”强调新中心的中轴线距复兴门不到 2 千米，东面以四条主要东西干道，经西直门、阜成门、复兴门、广安门同旧城联络。入复兴门之干道则直通旧城内长安街干道上各重点：如新华门中央人民政府、天安门广场等。整个新行政区南面向着将来的铁路总站，南北展开，建立一新南北中轴线，以便发展的要求，解决旧城区内拥挤的问题。北端解决政府各部机关的工作地址，南端解决全国性工商企业业务办公，并将北面的钓鱼台、“八一”湖，南面的黄土岗，土城墙以西的莲花池等地形地貌组织到新区之中。这样既有利于保护古老的北京城，又可以满足政府行政中心本身的功能要求，还有利于将来的发展。

在“必须早日决定行政中心区的理由”一节中，“梁陈方案”特别指出：“行政中心地区的决定，同时也决定了对北京旧城改善的政策。北京的现况有两方面可注意的。一为人口密集于旧城区以内，这有限的土地已过度使用为房屋建造部分；所应留的公园、空场、树林区极端缺乏，少过于现代的应有比率太多。二为北京为故都及历史名城，许多旧日的建筑已为今日有纪念性的文物，不但它们的形体美丽，不允许伤毁，它们的位置部署上的秩序和整个文物环境，正是这名城壮美特点之一，也必须在保护之列，不允许随意掺杂不调和的形体，加以破坏，所以目前的政策必须确定。”

在“需要发展西面城郊建立行政中心区的理由”一节中，“梁陈方案”认为：“现在我们实际上的问题也是必须为人民的便利、人民的经济的和美感的条件和习惯的文化的需要，而计划能与生活的进步一同生长发展的北京市。”“不必为新建设劳民伤财，迁徙大量居民，拆除大量房屋，增加复杂手续，耽误时间。”“这崭新的全国政治中心的建筑群，绝不能放弃自己合理的安排及秩序，而去夹杂在北京原有文物的布局或旧市中间，一方面损失旧城体形的和谐，或侵占市内不易得的文物风景区，或大量的居民住区，或已有相当基础的商业区，另一方面本身亦受到极不合理的限制，全部凌乱，没有重心。”“在新建设的计划上，必须兼顾北京原来的布局及体形的作风，我们有特殊责任尽力保护北京城的精华，不但消极地避免直接破坏文物，亦须积极地计划避免间接因新旧作风不同而破坏文物的主要环境。”

“梁陈方案”认为:“在旧城区内建筑政府中心的困难有两大方面：第一、北京原来布局的系统和它的完整，正是今天不可能安置庞大工作中心区域的因素。第二、现代行政机构所需要的总面积至少要大过于旧日的皇城，还要保留若干发展余地。在城垣以内不可能寻出位置适当而又足够的面积。”梁思成先生提出的依托旧城发展新区，建设新行政中心的建议，无论是从理论上还是实践上讲，都是行得通的。在国际上，调整规划结构，避开旧城开发新区，被认为是历史性城市保护和发展双赢的有效措施，这样既可以使历史特色保存下来，又可以使新城完全不受旧城的严苛限制而按现代化城市进行建设。

梁思成先生认为把行政中心放在西郊是解决新旧矛盾的两全之策，具体地说有五个方面的优点：一是有利于北京的平衡发展，适应新区的发展和全面性的需要，便于疏散旧城过密的人口和旧城的保护发展改造。二是可使政府各机关单位之间联系密切，布局合理，以增进工作效率。三是缩短工作人员住处与工作地点之间的距离，以避免加重城市交通的负担。四是避免在一定时期内大量迁移居民，拆除大量房屋，省时省事，而且便于建设现代化的市政设施。五是既有利于保存旧城内的各种文物，又有利于建设新时代新风格之新首都。总之，把行政中心放在西郊，有利于解决北京发展中所遇到的各种问题。

梁思成先生还分析了如果把行政中心放在旧城内会出现五个难以克服的缺点：一是增加旧城人口密度，而旧城已密度过高，必须疏散。二是造成大量的旧房拆除，费时费事，劳民伤财。三是大量新时代高楼出现在低矮文物中心区域，将会改变北京原有的合理街型，破坏城市风貌，不利于文物保护。四是在城市主干道两侧增加建筑物，势必增加交通流量及其复杂性，这是近现代城市规划设计中所极力避免的错误。五是政府各机关布局分散，联系不便，办公区和住宅区远离将大大加重交通运输的负担和工作人员时间、精力的耗费。总之，行政中心放在旧城内，将会产生难以克服的种种问题。

最后，“梁陈方案”总结：规划“必须先预见到一切的利弊，估计得愈科学，愈客观，愈能解决问题，愈不至为将来增加不可解决的难题，犯了时代主观的错误”；在西郊建立行政中心区“是新旧两全的安排”，所谓两全，是保全北京旧城中心的文物环境，同时也是避免新行政区本身不利的部署。

实际上，在这一转折时期，梁思成先生的意见越得不到重视，他就越发努力写文章发表自己的学术观点。他在北京城市规划、历史名城保护的有效实现路径等方面，撰写和翻译了许多著作和文章，均是研究北京城市规划与历史的经典。他一方面反复呼吁首先必须认识到北京城固有骨干的卓越，北京建筑的整个体系是全世界保存得最完好且继续有传统活力、最特殊、最珍贵的艺术杰作。这是对北京城不可忽略的起码认识。另一方面，他反复强调在北京规划和建设中要小心谨慎，必须对历史负责，也必须对将来负责，具体原则是：改造、利用和保护相结合，实现整体环境的协调与和谐。

1950 年 10 月，梁思成先生在病中致信国家和北京市领导，呼吁早日确定中央政府行政区方位，防止建设中的散乱现象，并就北京市都市计划委员会的职能等提出建议。1952 年 9 月，他在《新观察》杂志上发表文章《祖国的建筑传统与当前的建设问题》。1952 年 12 月，科普出版社出版他的著作《人民首都的市政建设》。1954 年他的著作《祖国的建筑》一书，由中华全国科学技术普及协会出版。1954 年 12 月，应苏联专家之请，梁思成先生扶病做了中国古建筑系列报告。为了实现他的理想，梁思成先生付出了辛勤的劳动和大量的心血。

但令人遗憾的是，在一切都还未及实现时，“梁陈方案”已经被视为与苏联专家“分庭抗礼”，被误读为对封建城市建筑形态的抱残守缺而受到指责。当时苏联被视为社会主义阵营的领袖，苏联专家的意见可谓举足轻重，但是苏联专家在北京城市性质和布局问题上的态度和倾向具有局限性。他们主要依据苏联首都城市规划建设的经验进行指导，值得反思的是，苏联的城市规划建设经验是否就可靠，是否就符合中国国情，成为应该深入思考的历史教训。事实上，关于政府行政中心位置问题的争议，一直没有取得一致的意见，也没有任何见于文字的决议，但是实际建设中一直是按行政中心放在旧城的思想加以安排，因而“梁陈方案”最终未被采纳。

即便如此，梁思成先生还是冷静地、不断地、谨慎地、认真地研究思考原方案的不足之处，他感到原方案虽然突出了新行政中心的规划，但对旧城区中心如何改造注意不够。为此他又与陈占祥先生一起，着手研究以天安门为中心的皇城周围的规划，以作为原方案的补充。但是，由于当时正处于批评“梁陈方案”的不利形势下，所以这一补充方案始终没有能够公开。

1955 年 2 月北京市都市计划委员会改组为北京市都市规划委员会，梁思成先生继续担任副主任，但是他参加北京城市规划的实际工作已经大为减少。1955 年 4 月，北京市政府正式聘请 7 位苏联城市建设专家，专门成立了专家工作室，从城市建设各方面抽调技术人员，在苏联专家指导下开展调查研究和规划修订工作。梁思成先生从此也就不再具体参与北京市的城市总体规划方案的编制工作。1957 年春，北京市都市规划委员会正式提出北京城市建设总体规划初步方案。这一时期梁思成先生的学术主张大多没有被认可，甚至逐渐被边缘化，失去了学术话语权。

对“梁陈方案”的误解

事实上，导致梁思成先生的北京规划和北京文化古都保护设想遭到否定的主要原因有两个方面，一个方面，中华人民共和国成立初期，苏联的城市规划和建设原则对首都北京城市建设影响很大。特别是“变消费城市为生产城市”“社会主义国家的首都必须是全国的大工业基地”等主张，导致北京市在1954年9月的《改建与扩建北京市规划草案》中提出：“我们的首都应该成为我国的政治、经济和文化的中心，特别要把它建设成为我国强大的工业基地和技术科学中心。”

另一个方面，中华人民共和国成立初期，把北京的古城古迹与封建制度联系在一起看待，对北京古城的价值认识不够，只看到旧城的经济价值，面对古都的文化价值认识不足，在城市规划的具体措施上片面强调改造，而忽视保存与保护。《改建与扩建北京市规划草案》指出：“对于古代遗留下来的建筑物，我们必须加以区别对待。对它们采取一概否定的态度显然是不对的，同时对古建筑采取一概保留，甚至使古建筑束缚了我们的发展的观点和做法也是极其错误的，目前的主要倾向是后者。”

1984年6月以来，我先后在北京市城市规划管理局、首都规划建设委员会办公室和北京市规划委员会从事城市规划工作。在这些机构工作期间，总会听到人们对梁思成先生当年北京规划和北京文化古都保护思想的评价和认识，为他的渊博学识和奉献精神所感动。同时，也有会听到一些误解和误判，为此我们需要从北京城市建设实践的经验与教训，以及现代城市规划的理论、历史文化名城保护的理念和实践等方面，正确认识梁思成先生的北京城市规划和古都保护思想的贡献，使之成为宝贵的学术思想遗产。一直以来，对“梁陈方案”的误解和误判主要有两种观点。

第一种观点认为，“梁陈方案”在当时的经济、技术条件下是不现实的，甚至很多专业人士都持此看法，认为当时中国还一穷二白，经济上不可行。20 世纪 80 年代时任北京市规划局总建筑师陈干先生曾具体地分析“梁陈方案”在当时的客观条件下的不现实性，认为：一是在经济上，我们当时没有力量建设一个新的行政中心，在施工技术条件下，也不可能承担大规模的工程建设项目。二是旧城不管如何破烂不堪，尚有一定的基础，进京的中央各部委急需办公和居住用房，只有利用旧城才能缓解燃眉之急。

实际上，在“梁陈方案”中已经算了经济账，比较了在旧城内建行政中心的 7 项费用和在新区建设的 4 项费用，对比的结论是“在城内建造政府办公楼显然是较费事，又费时，更费钱的”。前新华社记者王军先生经过查阅大量历史资料和现状调查，认为“梁陈方案”并非经济上不可行，相反，在中华人民共和国成立之初百废待兴的情况下，大规模拆建人口密集的旧城区，无论是居民的拆迁安置还是基础设施的建设，才是经济上不可行；并且“梁陈方案”并不要求短时间内完成行政中心的建设，而是提出“要按实际发展的需要，有计划地逐步进行，以配合财政情况及技术上的问题”。

第二种观点认为，梁思成先生主张把北京古城作为博物馆原封不动保存下来。例如 1962 年北京市规划局完成的《北京市城市建设总结草稿》中写道：“关于城市中心位置和对古建筑的态度问题，一部分技术干部主张将首都的行政中心搬到西郊去，要保存一切古建筑，使北京旧城原封不动地成为‘中国的博物馆’”。1985 年北京建设史编委会编写的《建国以来的北京城市建设》一书中也写道：“旧城原封不动地保留成为博物馆和文物区也是不可能的。”

事实上，这是对梁思成先生的北京文化古都保护思想的误解。梁思成先生把北京旧城称为“历史艺术陈列馆”，绝不意味着他要把北京城作为巨大的文物原封不动地保存陈列下来，而是认为北京城是一个活着的博物馆。他曾说过，“我不是连‘泰山石敢当’的那块界石都不许动”。在“梁陈方案”中，老城仍然是一个功能混合、居住着数十万甚至上百万人的完整的城市，所以这里仍是许多市民每月生活的体形环境，仍在执行着一个活的城市的任务。因此，“仍须继续给予市民正常的居住，交通、工作、娱乐及休息上的种种便利，也就是说要适应市民日常生活环境所需要的精神和物质的条件”。梁思成先生综合分析各种因素和矛盾，以求创造新的环境，而从未一味强调原封不动地保存。

还有人认为梁思成先生建议另建新行政区，就意味着放弃旧城。“如果抛开旧城，另建新的行政中心，势必使旧城得不到改建。”实际上，梁思成先生并没有“抛开旧城”的思想，他把原旧城中心规划为庆典中心和文化中心，试图把天安门广场改建为市民文化娱乐、休息游览、庆典集会的场所。庆典中心指的是在这里可举行重要的集会、国庆节的游行以及某些外宾的迎接仪式等，文化中心指的是这里应该有博物馆、展览馆、剧院、纪念堂、文化休息公园等文化性建筑及设施。

北京城市建设中的一些问题

在“梁陈方案”的最后，梁思成先生和陈占祥先生一连用了8个“为着”的排比句来表达他们的殷切希望:“我们相信，为着解决北京市的问题，使它能平衡地发展来适应全面性的需要；为着使政府机关各单位间得到合理的，且能增进工作效率的布置；为着工作人员住处与工作地区的便于来往的短距离；为着避免一时期中大量迁移居民；为着适宜的保存旧城以内的文物；为着减低城内人口过高的密度；为着长期保持街道的正常交通量；为着建立便利而又艺术的新首都，现时西郊这个地区都完全能够适合条件。”

实际上，北京城市发展进程很快就验证了梁思成先生和陈占祥先生在“梁陈方案”中的忧虑，以旧城为中心的规划发展实践，以及与之相伴出现的人口快速增长、房屋无序建造、交通堵塞等问题，与古都风貌维护、文物建筑保护之间形成了难以破解的矛盾。今天，距离上述 8 个“为着”的论断提出已经 70 年了，北京历史城区保护和发展的实际情况，与梁思成和陈占祥先生的良好愿望相悖，出现了诸多他们预料之中的问题。我将这些问题归纳为 8 个方面，以充分证明当年“梁陈方案”的远见卓识。

一是行政办公布局零乱影响职能发挥。“梁陈方案”被否定之后，由于没有统一的行政中心区规划安排，中华人民共和国成立之初，即在一些当时的公管房屋、王府和保存最好的四合院内安插各级行政办公机构。此后，随着各项事业的发展，行政办公用房严重不足，各单位或原地拆房扩建，造成文物的大量破坏；或另行选址建设，形成更加分散的布局。目前行政办公机构广泛分布在北京旧城内外的各个方向，与居住、商业、金融商贸设施混杂，造成功能相互干扰和影响，不利于行政职能的有效发挥。

二是大量商贸金融功能“聚焦”旧城。几十年来，众多城市功能在北京历史城区内叠加。如果说前 20 多年间涌入北京旧城的多为行政机关和事业单位，那么后 20 多年间则是大量的商业开发项目的出现，使占北京规划市区面积仅为 6% 的历史城区内，聚集了行政、商贸、金融、展览、娱乐、旅游等多种极具吸引力和扩张力的城市功能。这样实际上是继行政中心之后，又将商务中心的功能再次叠加在了仅仅 62.5 平方千米的北京旧城之上，对北京历史城区的保护产生了更加严重的影响。

三是功能的聚集带来人口的过度密集。来自北京市统计局2004年的数据，显示了北京全市将近1500万常住人口的分布状况，全市常住人口密度为每平方千米888人，其中将近一半的常住人口集中在城近郊区。当时东城、西城、崇文、宣武4个城区的常住人口为200.4万人，城区人口密度最高，为每平方千米23008人，北京旧城内的人口密度达到近郊区的4倍，远郊区县的63倍。人口的迅猛增长使北京出现了诸如环境恶化、交通拥挤、用地紧张、房价高企、资源短缺、供水不足等一系列难以解决的“大城市病”。

四是单一中心造成“摊大饼”式蔓延。北京市区的城市建设规模早已“摊”过了四环、五环、六环，如今北京市中心城区面积已经是北京旧城的十余倍，等于又建设了十多个北京旧城。从《北京城市总体规划(2004年—2020年)》文本中，对1975～2002年北京市域土地利用遥感图的对比分析，可以清楚地发现“环路加放射线”的单一中心城市布局，不断“摊大饼”式蔓延，居然是如此快速，所引起的城市景观和城市环境的变化又是如此剧烈。

五是历史街区和传统建筑被大量拆除。北京旧城的历史性建筑损毁过半。1949年北京旧城内共有各类建筑约2000万平方米，其中平房四合院1300万平方米。至2003年，这些还保留着历史信息的建筑总量已不足1949年的1/4，拆除的部分很多是价值较高的房屋和院落。在“旧城改造”的口号下，采取“推平头式”的开发方式，使北京旧城胡同数量急遽减少。1949年北京旧城共有胡同3050条，至2003年，道路宽度在20米以下的胡同街巷仅剩1600条，其中1990～2003年胡同拆除数量近千条。

六是传统建筑年久失修，生活条件恶化。在历史城区内大规模房地产开发和“危旧房改造”逐步升级的同时，北京旧城内的大量四合院民居建筑却迟迟得不到应有的修缮，造成大面积的房屋质量“人为衰败”。居住人口密度高，人均居住面积低；房屋年久失修，各类违章搭建严重；生活服务配套不足，市政基础设施落后。这些都使北京旧城胡同四合院内的居民生活条件非常恶劣。同时，历史街区内的许多胡同街巷和传统建筑，因为不断被挤占，添加私搭乱建房屋，存在严重的火灾隐患。

七是交通布局难以适应城市发展需求。伴随各种城市功能被集中塞入北京旧城的同时，历史城区也担负着难以承受的交通流量压力。由于居民就近工作比例较低，大量人口在郊区居住，而工作岗位在城区，人为造成往返交通高峰，引发城郊之间的交通大潮和“钟摆式交通”状况。为了解决日益严重的交通问题，历史城区的道路被一再拓宽，反而引发交通“决堤”效应，直接将大量机动车交通引入了历史城区，不但使传统街巷整体格局和城市肌理遭到严重破坏，而且使交通环境质量更加恶化。

八是旧城传统风貌遭到持续性破坏。目前，北京旧城已经有一半以上的建筑空间被完全重建，剩余的部分也正在不断受到建设性破坏的威胁，其中，连同公园绿地和水面在内，保留较完整的历史风貌空间已不足 15 平方千米。同时，北京旧城传统的空间轮廓线日复一日地受到大批涌现的新建筑的影响。北京旧城原建筑制高点景山万春亭和北海白塔的高度，均为 63 米左右，但是目前北京旧城内突破原 45 米建筑高度控制的建筑物已经超过百栋，并已经出现多座高度超过 100 米的建筑。

虽然“梁陈方案”非常遗憾未获实施，然而其科学的思想内核，对今天和未来的城市规划理论与实践均具有启示和借鉴作用。特别是梁思成先生所指出的:“北京城是必须现代化的；同时北京城原有的整体文物性特征和多数个别的文物建筑又是必须保存的。我们必须‘古今兼顾，新旧两利'。”这八个字概括了他保护和发展北京城的思想。

“梁陈方案”是梁思成先生在20世纪50年代初期，最突出的学术实践活动，将成为永久载入史册的重要文献。吴良镛教授和北京市规划局原局长刘小石在《梁思成文集》序言中写道：对北京的规划，梁思成先生做了不少工作，提出过方案和许多意见。他曾提出北京应是政治中心、文化中心，建议建设新的行政中心，保存北京故都的面貌，保存古建筑城墙城楼，限制旧城内新建筑的高度，以及限制城区工业的发展等许多意见，并为之写文章，做报告，奔走呼吁，尽了一个建筑工作者应尽的职守。

事实证明，过分强调改造旧城的城市规划观念，使北京城市建设造成一些不可挽回的损失，它不但与历史城区保护与发展的矛盾持续存在，而且在其理念下带来的新形势下大规模的“旧城改造”和“危旧房改造”，也给北京古都风貌和传统街巷格局，以及古建筑文物造成了严重破坏。相反，如果不是采取以旧城为中心的发展，解决问题的途径则可以宽广得多。这是一种令人痛心的迟到的觉醒，如今开始认真思考城市建筑文化的承上启下与继往开来，也是来之不易的进步。

捌

“北平城全部”
——实现古都北京整体保护的理想

“我们承袭了祖先留下的
这一笔古今中外独一无二的遗产，
对于维护它的责任，
是我们这代人绝不能推诿的。”

梁思成先生是北京优秀传统文化的捍卫者。

对于北京这座文化古都，梁思成先生有着深厚感情。他强调北京是城市规划的无比杰作，继承这份宝贵的文化财富就必须深入了解这里丰富的文化资源，探索文化遗产在新时代所具有的文化价值。不但要对个别的文物建筑加深认识，而且要对城市建筑和环境体系提高理解，如此在未来的建设发展中才能保护固有的文化精华，才能不使古都北京受到难以弥补的损失。他为保护古都北京而贡献了毕生的精力，这一功绩已经铭刻于北京城市的历史中，成为不可或缺的一页。

北总布胡同3号

梁思成先生有着在北京长期生活和工作的经历。第一阶段是1912年辛亥革命后，他的父亲梁启超带着家人从日本回国，先住在天津，后移居北京，出任北洋政府司法总长，他们最初住在北沟沿23号的一栋官府宅邸。梁思成先生在北京崇德学校和汇文学校读书，1915～1923年在北京

20 世纪 50 年代初，梁思成、林徽因在清华大学新林院

清华学校读书，至 1924 年赴美国留学。第二阶段是 1931 年 6 月梁思成先生回到北京，居住在北京北总布胡同，历任中国营造学社法式部主任、北京大学教授、清华大学教授、中央古物保存委员会委员等，直至 1937 年 9 月因抗日战争爆发而离开北平。第三阶段是 1946 年清华大学建筑系成立，梁思成先生任系主任，直至 1972 年逝世。由此算来，梁思成先生在北京先后生活了 40 余年。

1931 ～ 1937 年，梁思成先生在中国营造学社担任法式部主任期间，居住在故宫与建国门北大街之间的北总布胡同。这是一条长约 400 米的胡同，北总布胡同 3 号是一座四合院，成为梁思成夫妇的家。在此期间，他们开启了一生挚爱的中国古建筑史研究，一起完成了众多北京地区的古建筑考察以及建筑学著作的撰写。他们详细测绘了故宫、恭王府、天宁寺、安定门等古建筑，拟定故宫文渊阁的楼面修理、景山五亭的修葺计划，还与中国营造学社的同仁们系统地考察了华北地区的古建筑，完成了《平郊建筑杂录》《论中国建筑之几个特征》等大量著作和文章。

北京城内外古建筑众多，引起了梁思成夫妇的极大兴趣，他们对这些文物古迹进行了广泛深入的研究。梁思成和林徽因两位先生 1932 年、

1935 年发表的《平郊建筑杂录》（上下两篇）记录了他们的研究成果，天宁寺塔就是其中之一。北京天宁寺始建于唐代，但是在元朝末年的战乱中被摧毁，仅留下寺院后院的一座舍利塔。有关天宁寺塔的修建年代没有留下准确的记载，因而有种种不同的说法。有说此塔为隋代的宏业寺藏舍利塔，有说此塔建于北魏孝文帝时期。梁思成和林徽因两位先生根据塔的形状及其柱额、拱门、栏杆等部件的特点和形制，与中国历代佛塔做比较，得出结论：天宁寺塔既不是隋塔，也不是唐塔，而应该是一座辽塔。

1992 年，文物部门对天宁寺塔展开修缮，在塔刹中发现了一块石碑，碑上刻着建塔的年代，为辽天庆九年（1119），证实了梁思成先生 60 年前的推断。这座密檐实心砖塔，通高有 57.8 米，八角形，13 层的塔身上雕刻着丰富、栩栩如生的形象，是北京现存最重要的辽南京城的地面建筑，也是了解辽代砖塔以及雕塑的重要实证。整座天宁寺塔，无论是须弥座、塔身，还是密檐、塔顶宝珠，通过轻重、长短、疏密相连的搭配，形成非常美观动感的艺术形象。因此，梁思成先生盛赞天宁寺塔“富有音乐的旋律”。

梁思成夫妇在北总布胡同 3 号居住期间，这座四合院成为很多文人学者的聚会中心，胡适、陈岱孙、朱光潜、徐志摩、沈从文、萧乾等都是这里的常客。在这里，梁思成夫妇还结识了美国学者费正清教授夫妇，成为一生的挚友。1932 年初，为撰写博士论文，24 岁的费正清租住在西总布胡同的一座四合院内，并在这里与毕业于哈佛大学女子学院美术系的费慰梅女士结婚。费慰梅女士热衷于中国拓印的收藏和修复。1934 年，两对夫妇曾共同到山西度假和古建筑考察。费慰梅女士回忆，每到一座庙宇，梁思成先生便用他的莱卡相机从各个方位把它拍摄下来，林徽因先生则进行测量，并按比例绘图。之后他们便开始寻找铭刻碑文，通常碑文上会有官方记载，包括落成日期、修葺时间及捐资者姓名等。

故宫古建筑勘察与修缮

梁思成先生与故宫博物院和故宫古建筑有着深厚的渊源，而缘起则是他在中国营造学社的重要工作经历。中国营造学社起初设在北京东城的宝珠子胡同7号。1932年7月，因工作人员增加至20余人，原有社址不敷应用，“商得中山公园董事会同意，迁至天安门内西朝房为社址”。“朝房”在紫禁城建筑中，就是御路左右两侧东西相向的房屋，当时主要为朝廷命官上朝前休息之用。直到中国营造学社迁入天安门内的“西朝房”后，这些古老房屋终于焕发青春，中国营造学社自此与故宫古建筑保护结下了不解之缘。

始建于1420年的北京紫禁城，在现存的明清两代官式建筑实例中，最为规范，也最具代表性。对故宫古建筑群进行调查研究，无疑是解读中国古代皇家建筑做法的最佳路径。中国营造学社迁至天安门内的“西朝房”后，就一直希望能对近在咫尺的故宫进行实地调查。也就是在此之前，中国营造学社聘请梁思成先生担任法式部主任、刘敦桢先生担任文献部主任。通俗地讲，“法式”与“文献”两者既有区分，也有联系，而“西朝房”成为他们系统研究中国古代建筑的新的起点。

1932年10月，故宫文渊阁支撑书架的樑柱出现严重下沉，情况堪忧。故宫博物院方面虽然早已将阁中存书全部取下存入库房，但还是希望找到楼面沉陷的症结所在，以便及时修缮。于是，故宫博物院第一次邀请中国营造学社进入故宫博物院，勘察文渊阁楼面凹陷现状。于是梁思成先生就与刘敦桢先生一起，拎着工具箱步入故宫开始相关工作，这也是梁思成先生第一次以专业眼光审视故宫古代建筑。他花了很大力气考察并提出维修建议。故宫文渊阁建造于乾隆四十一年（1776），仿照的是著名的宁波天一阁。对于木结构建筑藏书楼而言，防火是最重要的事情之一，“天一生水，地六成之”，天一阁从取名上就大有防火的考量。

故宫文渊阁外观为上下两层，实则中间另外加了暗层，一共三层；平面看起来是五开间，其实在西段另外加一间，形成六间，连同房顶的黑色琉璃瓦，都是防火之意。至于文渊阁前的水池，则更是为防火做好的必备物质条件。文渊阁的历史价值与文化地位毋庸赘言，而此刻这座建筑对于梁思成先生而言，还有印证清工部《工程做法则例》的重要实证作用，这对于他以“二重证据法”解读古代建筑文献，及日后编成《中国建筑史》都有所帮助。

在《清文渊阁实测图说》专列的“结构”中，梁思成先生指出:“阁之梁架结构，大体以《工程做法》所载九檩硬山楼房为标准，惟利用下檐地位，增设暗层，与檐端施斗拱，及屋顶易为歇山数事，非是书所有耳。”他在对此做出精准的评判与描述之后，更分条列举了不符合《工程做法则例》的种种结构特征，并据此分析出了文渊阁樑柱严重下沉的症结所在。这篇与刘敦桢先生合写的文章于 1935 年 12 月发表于《中国营造学社汇刊》。中国营造学社方面特意将此文单独抽出印制为精美的单册书籍，又将此册与《四库全书简明目录》一册、文渊阁图片 11 张，附英文说明一册合装一函，总名为《文渊阁藏书全景》，作为介绍文渊阁的权威读本。

文渊阁勘察工程给梁思成先生提供了深入探索中国重要古典建筑的契机，推进了文献与实物“双重解码”的研究工作。实际上，在《清文渊阁实测图说》完稿之前，1932 年末的《中国营造学社汇刊》第三卷第四期，梁思成与蔡方荫、刘敦桢合写的《故宫文渊阁楼面修理计划》业已刊发。这是一篇纯粹以现代建筑学方法来解决古建筑修复的重要论文，不仅探讨古建筑现状及修复的设想，而且以科学计算的方式，明确提出了修复方案，堪称中国古建筑修复的开篇之作。

《故宫文渊阁楼面修理计划》一文得出的勘察结果为："现有大柁，每平方吋承受一千二百余磅之荷载，超过容许荷载力约一倍，宜其柁身向下弯曲，发生楼面下陷之现象也。至于柁之铁箍过少，与两端接榫过狭，且无雀替补助，皆不失为次要原因。"针对症结，他给出5种修复方法，又提出两个古建筑修复基本原则，即"惟按修理旧建筑物之原则，在美术方面，应以保存原有外观为第一要义。在结构方面，当求不损伤修理范围外的部分，以免引起意外危险，尤以木造建筑物最须注意此点"。文中也对各种修复方法一一核算，并据此给出了具体施工设想。如果说故宫古建筑修复提供了难得的实践经验，那么这篇论文则在中国古建筑修复领域产生了重要而持续的学术影响。

此前，中国营造学社参与故宫角楼修缮时，就曾提出"在美学方面，应以保存原有外观为第一要义。在结构方面，当求不损伤修理范围外之部分"的原则。同时，梁思成先生认为研究中国古典建筑，"唯一可靠的知识来源就是建筑物本身，而唯一可求的教师就是那些匠师"。他在北平四处探访，拜几位曾在故宫博物院里做工的老木匠和彩画匠为师，基本弄清了清工部《工程作法则例》中的种种术语与施工实例。

1932年3月，梁思成先生完成了《清式营造则例》一书的编写，并于1934年正式出版。书中多以故宫古建筑群为实例，结合官式建筑法则和工匠们的口述，详述了清代官式建筑的平面布局、斗拱形制、大木构架、台基墙壁、屋顶、装修、彩画等的做法及构件名称、比例和功用。这本书卷首的图版开头就是故宫的太和殿、中和殿及角楼等古建筑，书中所列举的台基、柱础、装修、脊饰、瓦件等也多采用故宫古建筑的实例，被认为是中国建筑史学界和古建筑修缮专业的“文法课本”，几十年来一直是中外人士学习古建筑的教材和维修保护设计的蓝本。

1933年冬，故宫博物院拟对景山上的五座亭子进行维修，再次邀请中国营造学社做修缮设计。梁思成先生通过实测发现“观妙、辑芳、周赏、富览四亭，梁架完整，无倾颓现象”，但是万春亭东北角的角金柱下部腐朽，台基下沉，“致动原定附近梁架及上下三层之檐，向下垂曲，势极可危”。为此他与刘敦桢先生合作拟定《修理故宫景山万春亭计划》，文末还附有“景山五亭应补修名件表”，将各种已损坏或遗失的独立建筑部件详细列举，供修复参照。1934年3月，这篇计划发表于《中国营造学社汇刊》，迅即得到了故宫博物院方面的采纳。随着全面测绘故宫古建筑的开启，梁思成先生的研究和保护工作也随之进展。

故宫古建筑测绘

1934年是梁思成先生硕果累累的一年。此前故宫文渊阁楼面勘察设计和景山五亭修缮设计的两次操作，展现出中国营造学社的专业水平和实际能力。于是受中央研究院历史语言研究所委托，中国营造学社开始对故宫古建筑进行大规模详细测绘。对于此项工作，在《中国营造学社学术活动年表考略》中有详细的说明：“本年内，营造学社得到中央研究院拨专款委托，对故宫建筑进行全面测绘，留存资料，以防战乱或灾害损毁。这项测绘工作由梁思成负责，邵力工协助。当时有一批东北大学建筑系学生因‘九一八事变’流亡到北平，梁思成设法安排他们在学社工作维持生计，其中一些学生也参与了故宫测绘。”

1935年，梁思成先生参加旧都文物整理委员会，担任顾问。至1937年，中国营造学社在梁思成、刘敦桢的带领下，以认识和研究中国古建筑为宗旨，对北京中轴线上的一系列古建筑，包括天安门、端门、午门、太和门、太和殿、中和殿、保和殿、角楼等，共计60余处故宫古建筑进行测绘。这是中国建筑师首次用现代建筑理论与方法，详细测绘举世闻名的故宫古建筑群，为保护这处世界上最大规模的古代宫殿建筑群做出了历史性贡献。当年，除了测绘故宫古建筑之外，还测绘了安定门、阜成门、东直门、宣武门、崇文门、新华门、天宁寺、恭王府等处北平古建筑。

这一时期，梁思成先生的身心完全沉浸于故宫古建筑，这段经历使他得以构建以中国官式建筑为主流样式的古代建筑史体系，其价值与意义不言而喻。也是得益于此，梁思成先生才能在他的英文版《图像中国建筑史》中，以亲身经验阐述清代建筑的特征与细节，取得举世瞩目的研究成果。但是，随着1937年七七事变爆发，中国营造学社最终未能完成整座故宫的测绘，甚至这项故宫测绘工程的成果，包括数以千计的测绘数据、整理后的测绘图稿等，都没有能够完整地保留下来。

在《中国营造学社学术活动年表考略》中“1937年8月”部分有这样的记载:“营造学社经费来源断绝，暂时解散。为保存贵重资料，将重要图籍、文物、仪器及历年工作成果运存天津英资麦加利银行。”在“1939年8月”部分又有这样的记载:“天津水患，营造学社存放在天津英资麦加利银行地下室的资料全部遭水淹。”梁思成先生在昆明听到这个消息后，“痛哭失声”！因为他深知这些资料的无比宝贵，也曾亲身体会获得这些资料所付出的甘苦。然而中国营造学社1930～1937年间的所有艰辛付出换得的宝贵资料，最终却因为日本侵华战争以及水患这些天灾人祸而蒙受巨大损失。

如今，“中国营造学社纪念馆”的年轻学者们将残存的“故宫测绘工程”历史碎片进行拼接修复，终于将梁思成先生和同仁们当年为保护故宫古建筑所做的工作基本还原，让后人有机会对中国营造学社的这段重要历史加以了解。2017 年《北京城中轴线古建筑实测图集》由故宫出版社发行，包括 20 世纪 40 年代中轴线建筑测图 654 张，以及文字介绍和历史照片等。同时也将清华大学建筑学院收藏的中国营造学社当年测绘中轴线古建筑尚存的 62 张测绘图收录其中。

故宫与《中国建筑史》

梁思成先生与故宫有着深厚的感情和挥之不去的“情结”。在这里度过的 5 年难忘时光，使他得以与这些建筑文化瑰宝“零距离”接触，因此留下无比深刻的印象，因为故宫于他而言，就像一位带他实际认识中国古代建筑的启蒙老师。此后，以梁思成先生为核心的中国营造学社成员陆续编写出版的《中国建筑设计参考图集》《中国建筑史》《图像中国建筑史》中，都不难发现故宫古建筑的重要地位。这些或为图说，或为史论，或为中文解说，或为英文介绍的著述中，故宫作为中国古代建筑的集大成与收官之作，始终在彰显其作为中国古代建筑重要样本的魅力。

1942 年，因抗战内迁至四川宜宾李庄的梁思成先生在病中开始编写《中国建筑史》。在林徽因和莫宗江、卢绳等人协助下，一部由中国人自己编写的古代建筑史终于在 1943 年完稿。在这部具有开山意义的《中国建筑史》中，梁思成先生对于作为中国古典建筑史的终点——清代建筑史部分，举出故宫古建筑为核心案例：现存清代建筑物，最伟大者莫如北京故宫，清宫规模虽肇自明代，然现存各殿宇，则多数为清代所建。今世界各国之帝皇宫殿，规模之大，面积之广，无与伦比。

事实上，《中国建筑史》从孕育到诞生都与故宫有着不解之缘。从专业角度审视，《中国建筑史》内容主体是一部中国古代官式建筑史。这一著述的编写思路，应当是梁思成先生以故宫古建筑为代表的清代官式建筑为“主流建筑”样式，并逐渐以其体系反推递延至汉唐，由此摸索出的一条古建筑史基本脉络。汉唐古代建筑不易得见，梁思成先生努力寻获早期古代建筑，也大多是在河北、山西等地的偏僻山区。当年对于他而言，最易得见的是故宫古建筑群，首选以故宫为清代建筑代表性作品，尽快将其纳入写作框架实属必然，这样就要与故宫发生千丝万缕的联系。

梁思成先生在《中国建筑史》中，不仅大量采用了故宫的图纸、照片等资料，而且把故宫作为一个完整的宫殿建筑群来叙述。他对故宫做了高度的评价:“清宫建筑之所予人印象最深处，在其一贯之雄伟气魄，在其毫不畏惧之单调。其建筑一律以黄瓦红墙碧绘为标准样式（仅极少数用绿瓦者），其更重要庄严者，则衬以白玉台阶。在紫禁城中万数千间，凡目之所及，莫不如是，整齐严肃，气象雄伟，为世上任何一组建筑所不及。”梁思成先生对所有的古建筑都十分热爱，高度称赞，但是像对故宫古建筑所做“为世上任何一组建筑所不及”的评价，实属罕见。

在《中国建筑史》中，梁思成先生对北京做出的评价是“明之北京，在基本原则上实遵循隋唐长安之规划，清代因之，以至于今，为世界现存中古时代都市之最伟大者”。他用了1200字的篇幅，对故宫古建筑予以更细致的描述，包括紫禁城内宫殿布局、建筑特点及测绘数据。在抗日战争烽烟四起的年代，包括梁思成先生在内的迁至大后方的学者，都在思索中华民族的前途与未来。在西南一隅的江边小镇，梁思成先生写下这段关于故宫古建筑的文字时，流露出对中国传统文化的自豪感。

保护北平古都文物

梁思成先生最爱北京城，是对北京都城营造进行科学研究的早期代表人物。早在1948年4月，他发表《北平文物必须整理与保存》一文，由北平旧都文物整理委员会印发。文章以较大的篇幅阐述北平城市的价值，赞美道：“北平市之整个建筑部署，无论由都市计划、历史或艺术的观点上看，都是世界上罕见的瑰宝，这早经一般人承认。”“北平的整个形制既是世界上可贵的孤例，同时又是艺术杰作，城内外许多建筑物却又各个是在历史上，建筑史上，艺术史上的至宝。整个故宫不必说，其他许多文物建筑大多数是富有历史意义的艺术品。它们综合起来是一个庞大的历史艺术陈列馆。”

北平解放前夕，中央即做出了决策：首先争取和平解放，万一非打不可，也一定保护古都文物的安全。解放军兵临城下，包围北平古城时，1948年12月17日，毛泽东主席亲笔起草给平津战役总前委的电报，要求充分注意保护北平工业区及文化古迹，并指示：“尤其注意与清华、燕京等大学教职员学生联系，和他们共同商量如何在作战时减少损失。”当时处于城外的清华大学已于1948年12月15日获得解放。而成千上万的枪口、炮筒、炸药包正对着北京城，梁思成先生为北京城内的文物古迹可能被毁而焦虑不安。

毛泽东主席做出指示的第2天，即1948年12月18日，清华大学政治系主任张奚若教授和两名解放军军官来到新林院8号梁思成先生家中，向他征求在战争条件下解放北平如何保护古建筑，请他在一幅大比例的军用地图上，用红笔将北平城内的重要古建筑位置标注出来，并略讲它们的历史、艺术价值，同时画出禁止炮击的地区，以备万一解放军被迫攻城，要尽一切可能避开这些古建筑。解放军代表表示，为了保护我们民族的文物建筑，就是流血牺牲都在所不惜。这一表态使梁思成先生大为感动，对新政权一定会保护好北京古城的态度深信不疑，立即完成了任务。

1949 年 1 月 31 日北平和平解放，古城得以完整保留。梁思成先生满腔热情地积极投入城市规划、建筑设计、建筑教育，以及中华人民共和国成立初期的几项标志性建设之中，还发动许多建筑系师生一起参加。中央领导委托梁思成先生组织清华大学营建系的教师们，对北平城市规划进行研究。接受任务以后，梁思成先生与师生们一起认真研究了北京城当时的状况、存在的问题，以及未来发展的可能性。他希望把自己的后半生献给新中国的事业，也非常希望在新中国的建设中，重视建筑艺术，保护民族文化，自己的学术理想能在北平的未来规划与建设中得以实现。

此时，梁思成先生的文化遗产保护思想，已经从对历史建筑的关注，延伸到历史性城市的保护。作为对中国传统文化素有研究的学者，他对全国古建筑和文物古迹的情况最为熟悉。在 1949 年 2 月至 3 月间，当解放军即将南下解放全中国之前，解放军代表来到清华大学，请梁思成先生组织清华大学营建学系教师编写《全国重要建筑文物简目》及《古建筑保护须知》。梁思成先生慨然应允，并组织部分教师一起动手，以最快速度编制出一本长达百页的《全国重要建筑文物简目》。从翻书查资料，到刻钢版，再到折纸页、装订、包裱封面，自力更生用手工劳动完成作业，一共用了一个月就完成了这项任务。1949 年 6 月，《全国重要建筑文物简目》由华北高等教育委员会图书文物处印行，册后附北平文物整理委员会编制的《古建筑保护须知》，发给南下作战的各路解放军，在作战地图上标出在解放战争和接管工作时，要注意保护的文物建筑。这份简目虽然比较简要，但是却饱含着多年的研究成果，把它发到解放军部队之后，在解放战争时期起到了保护古建筑的重大作用。可以说，如果没有梁思成先生的努力，很多文物建筑可能无法保存至今。

这份《全国重要建筑文物简目》的第一项为“北平城全部”，目录上写道:“元代（1280）初建；明初（约 1400）改建；嘉靖间（约 1530）甃砖并加外城，清代历次重修。”“世界现存最完整最伟大之中古都市；全部为一整个设计，对称均齐，气魄之大举世无匹。”这里将“北平城全部”作为一个整体进行完整保护，十分具有前瞻性。第二项就是故宫。实际上第一、二两项都包括了故宫。在目录上，把故宫做了最重要的标志，画上了最高等级的四个圆圈。目录上写道: a. 北平城中央自中华门以北包括紫禁城之全部。b. 宫殿。c. 明初创建，现存建筑多明中叶（约 1500）以后重建或重修。d. 为全世界现存规模最大之皇宫。

《全国重要建筑文物简目》在解放初期开展古建筑调查、保护、研究方面也起到了积极作用，并成为此后第一批全国重点文物保护名单的蓝本，成为新中国文物保护史上的一个早期重要历史文献。可以说，是梁思成先生谱写了中国文物保护事业的第一篇章。他对“北京城全部”整体保护的思想，在当时世界文化遗产保护领域非常超前。这一思想也成为此后“梁陈方案”的一个重要来源。梁思成先生当年所列入保护的“北京城全部”，还是原汁原味、基本完整的古城，其完整程度在世界范围极为少见，如果能够完整地保存到今天，一定是重要的世界文化遗产。

古都北京整体保护

1949 年，时年 48 岁的梁思成先生，充满激情地投入新中国的建设。1949 年 5 月 8 日，成立仅一个月的北平市建设局组织召开都市计划座谈会。这是中华人民共和国即将宣告成立的时代背景下，召开的一次重要会议。这次座谈会令人印象深刻的是，不论从发言次数，还是从发言内容来讲，真正的主角是梁思成先生。1949 年 5 月 22 日，北平市都市计划委员会在北海公园画舫斋正式成立，梁思成先生担任委员。由此，梁思成先生正式参加首都规划工作，同时还担任了中国人民政治协商会议会场怀仁堂建筑师、中直修建处顾问等职。在此过程中，他函请陈占祥、张镈、戴念慈、严星华等多位知名建筑师来京工作，这些专家后来都成为建设部门的骨干，为国家建设做出了卓越的贡献。

1949 年 8 月，梁思成先生当选北平市各界人民代表会议代表。1949 年 9 月 27 日，中央人民政府决定首都定于北平，改北平为北京。1949 年 12 月，梁思成先生当选北京市人民政府委员、北京市各界人民代表会议协商委员会副主席。1950 年 1 月，他又被任命为北京市都市计划委员会副主任。这是梁思成先生生平第一次进入高级别的“理政”层次。他表示:“我们承袭了祖先留下的这一笔古今中外独一无二的遗产，对于维护它的责任，是我们这代人绝不能推诿的。”在这个位置上，梁思成先生以他的学识和理想，主动、迅速地融入建设新中国、新北京的洪流之中，他在建筑学领域的广泛影响与深厚的学术造诣，被新生的人民政权高度认可。

梁思成先生对祖国文化的无比热爱，尤其突出体现在他对古都北京的热爱。他在讲授“元、明、清的首都——北京”这一课时，很快地在黑板上准确地勾画出北京内城和外城的平面，讲解北京充满历史意义的凸字形城市平面的沿革，讲解为什么北京城墙在西北端缺了一角，讲解元、明、清三代选择北京作为首都的地理原因等。在清华大学的讲堂上，学生们看到他眼中放着光芒，带着深厚的感情，如数家珍般侃侃而谈介绍北京城四周雄壮的城墙，城门上巍峨高大的城楼，紫禁城的红墙黄瓦与角楼，美丽的街市牌坊等。

在梁思成先生看来，中国的首都北京，是一个历史悠久的旧城，又是一个朝气蓬勃的新城；这里曾经是封建帝王长期统治的都城，而今则是新成立的中华人民共和国的首都；这座城市曾经忍受过侵略者的铁蹄践踏，而今正在迎来新中国建设和发展的奇迹。因此，北京的城市规划建设具有世界瞩目的现实和历史意义。在短短半年时间里，他就提出了一系列明确的观点和具体的建议，无论从信息强度还是从学术价值上都难能可贵。

梁思成先生主张保护文物建筑，不仅是个体建筑，而且要从整体保护，还应该保护它的环境，最具体的体现就是北京城。他主张北京在全盘的处理上，不但应真实呈现中国建筑的营造智慧，而且还应完整呈现城市规划的辉煌成就，增强人们对于中华祖先的景仰，对于民族文化的自豪，对于伟大祖国的热爱。并且，也只有深入认识这座城市的整体文化价值，才能真正掌握北京文化的精神实质，获得更加健康的发展，为当代和未来服务。

关于北京整体风貌的保护，梁思成先生认为首先是完整的城市格局。北京古城的凸字形平面“则是由中国历代都市的传统制度，通过特殊的地理条件，和元、明、清三代政治经济实际情况而发展的具体型式”。以皇城为全城的核心，形成全城布局的重点，整个城市围绕这一中心而布置，使整个北京城的格局匀称而明朗。他分析了很多国家在历史性城市保护方面的做法，包括文物建设的保护和维护以整旧如旧为原则；保护和更新大量历史性的民居；调整古城功能结构，降低建筑密度，保持和改善古城传统的性质，以使古城充满活力；重视绿化，改善生态环境；发展新区，疏散古城；注意新旧建筑物的协调。

针对北京城市环境，梁思成先生希望旧城中心区能够成为人民休息、游览和娱乐的文化中心。他建议充分利用城市中心的中南海、北海、什刹海这一世界各国首都中少有的宽阔水面和大片庭院绿地，北面从什刹海经北长河到颐和园，可使历代帝王的离宫与城市环境更紧密地结合在一起，又把皇家的禁园变为人民的公园绿地，并与城内外其他的公园绿地，例如天坛、先农坛、金鱼池、莲花池、钓鱼台等相互配合连成一体，形成北京独特的园林式城市景观。

1951 年 4 月，梁思成先生在《新观察》杂志上发表了《北京——都市计划的无比杰作》一文，全面系统地从规划的角度阐述了北京古城的价值和特点："它所特具的优点主要就在它那具有计划性的城市的整体，那宏伟而庄严的布局，在处理空间和分配重点上创造出卓越的风格，同时也安排了合理而有秩序的街道系统，而不仅在它内部许多个别建筑物的丰富的历史意义与艺术表现。所以我们首先必须认识到北京城固有骨干的卓越。北京建筑的整个体系是全世界保存得最完好，而且继续有传统活力、最特殊、最珍贵的艺术杰作。"

在古都风貌方面，北京城布局严谨的宫殿与自由舒展的园林共存，对比强烈，规划中见自然，严肃中有活泼，形成了既变化又统一的城市景观。城市空间布局上，高大的宫殿建筑群和低矮的住宅，形成对比。城门楼、箭楼和角楼与景山中峰上的亭子，以及琼花岛塔、妙应寺白塔遥相呼应，互相借景，使得全城三度空间抑扬顿挫、起伏高下，构成了具有北京特色的优美的城市轮廓线。因此，它反映了当时的社会生活和政治经济制度，体现了民族的性格和特征，是"人类一切造型创造中最庞大，最复杂，也是最耐久的一类，所以它所代表的民族思想和艺术，更显著，更多面，也更重要”。梁思成先生认为这些内容是进行北京旧城更新和风貌保护的基准点。

梁思成先生充满激情地赞美，“北京在部署上最出色的是它的南北中轴线”。他认为应保留中国传统城市规划中轴线的布局特点。一条贯穿全城，南起永定门北至钟鼓楼，全长近 8 千米的南北中轴线，将整个城市有机地组织在一起，以突出皇城。北京独有的壮观秩序就由这条中轴线的建立而产生，前后起伏左右对称的体形或空间的分配，都是以这条中轴线为依据。同时，梁思成先生主张控制旧城里新建筑的高度，重视古建筑的视觉保护和城市空间构图的设计。

1951 年 11 月，梁思成先生在各届人民代表大会上发言，提出北京旧城房屋高度大部分为两三层，但最高建筑物不得超过城门楼，天安门广场四周的建筑物高度不得超过天安门的二重檐口。此后，眼看新建筑在故宫周围越建越高，梁思成先生又退一步，希望通过实现“中国建筑的轮廓”来保全旧城，于是绘制了两张有着中国传统屋顶的高层建筑想象图以为示范。他以北京市都市计划委员会副主任的身份，严把审批关，要求新建筑须加上民族形式的屋顶，以使旧城保持中国传统建筑的轮廓线。后来，梁思成先生因提倡以传统形式保护北京古城风貌，而遭到“以梁思成为首的复古主义建筑理论”的批判。

在城市交通方面，梁思成先生希望保持原有的城市道路网络，通过城市道路交通的改善，保持北京城市街道空间的独特风貌，以维护文化古都的特色。为此，他指出：“这整个的分区与街道系统就是北京的城市格式，北京的都市计划特征。”为了缓解北京旧城东西交通的紧张状况，便于市民的日常生活，梁思成先生设想改造和拓宽东西长安街和景山前大街、文津街、西四东四大街。但是他认为在更新的过程中，应该保护具有古都特色的街道景观，特别是牌楼、牌坊、门洞等标志物。其次是合理的道路格局和坊巷系统。这一系统的主要特征就是大街小巷，无论其位置大小，都有明确的分工，以保证住宅区的安静。北平和平解放前夕，国民党守军为加强城防，沿护城河外沿将城墙外拆除了一圈宽度近 200 米的空地。梁思成先生提出这一圈空地结合旧房、破房改造，可以用来建设环城道路和地铁环线。

1956 年 10 月，在梁思成先生的主持下，清华大学建筑系与中国科学院土木建筑研究所合作，成立建筑历史与理论研究室，1956 年 10 月，他担任主任，研究对象为 1840 ～ 1949 年间北京近百年建筑，开创了北京近现代建筑的深入研究。从 1958 年春季开始，在近一年时间内，对北京近代兴建的各种类型建筑物做了调研，拍摄了数千幅照片，测绘了若干图纸。这些研究成果，作为历史资料，让世人可以了解半封建半殖民地时代北京历史面目；作为历史档案，为北京城市规划和历史建筑遗产保护工作提供依据与借鉴；作为学术资料，为深入研究北京和中国近代建筑史提供了基本史料。

20 世纪 50 年代，梁思成主持北京近代建筑调查，在东交民巷圣米厄尔教堂前

梁思成先生是最早以整体的眼光，从城市规划的角度，认识和分析北京历史城区文化价值的学者。他在20世纪60年代指出："城市是一门科学，它像人体一样有经络、脉搏、肌理，如果你不科学地对待它，他会生病的。北京城作为一个现代化的首都，它还没有长大，所以它还不会得心脏病、动脉硬化、高血压等病。它现在只会得些孩子得的伤风感冒。可是世界上很多城市都长大了，我们不应该走别人走错的路，现在没有人相信城市是一门科学，但是一些发达国家的经验是有案可查的。早晚有一天你们会看到北京的交通、工业污染、人口等等会有很大的问题。我至今不认为我当初对北京规划的方案是错的。"

进入新的世纪，北京的城市建设又进入了一个新的时期，同时单一中心城市结构存在的弊端进一步显现。为了更好地规划和建设好首都，人们开始反思中华人民共和国成立以来北京城市建设的经验和教训，讨论文化古都的风貌保护问题。人们才普遍认识到，对于北京来说，目前的主要倾向不是古都风貌和古建筑保护多了，而是重视不够，不但许多珍贵的文物古建筑遭到破坏，而且不少古建筑的周围环境也受到了损害，使得整个古都风貌面临着越来越大的威胁。但是这些问题现在解决起来要付出比中华人民共和国成立初期更多的经济和社会代价。北京城市建设实践的经验与教训证明，梁思成先生北京规划的基本思想符合城市发展的客观规律。

如今，回顾北京城市建设，就不可避免地要涉及中华人民共和国成立初期城市规划界对北京规划方案的争论，以及对梁思成先生观点的评论，越来越多的城市规划方案与梁思成先生当年的设想不谋而合。2004年，北京市启动了城市总体规划修编工作，2005年1月，国务院批复了《北京城市总体规划（2004年—2020年）》，终于回到了梁思成先生当年的立场，即整体保护旧城，重点发展新城，多中心，平衡地发展城市。2006

年，在中国首个“文化遗产日”前夕，我在接受新华社记者王军先生的采访时说:“当年梁思成先生曾说，50 年后，历史将证明他是对的，现在 50 年已经过去了，我们已经能够给出肯定的回答。”

梁思成先生实现古都北京整体保护的思想在他生前未能被有效实践，但是梁思成先生在他所处的历史条件下，已经贡献了他的一切。今天，我们怀着崇敬之心缅怀梁思成先生，赞叹他在城市规划建设和文化遗产保护实践中的不懈求索。相信他学以致用、实践求索的风范，将会继续激励一代又一代同仁，继承和发展他的未竟之志和未毕之功，搞好城市文化建设和文化遗产保护。

玖

后记

可以说，
从建筑教育到建筑设计，
从建筑史研究到古建筑保护，
从城市规划到北京建设和古都保护，
梁思成先生在各个领域所取得的成就，
都表明他是中国建筑和城市规划领域当之无愧的
第一奠基人。

2022 年是梁思成先生逝世 50 周年。

在梁思成先生逝世 50 周年之际，我们满怀崇敬之情缅怀先生的高尚品德，弘扬先生的丰功伟绩。作为一代名扬四海的学术宗师，梁思成先生毕生面向时代发展，以励精图治、顽强拼搏的精神境界，以博古通今、学贯中西的远见卓识，以融会贯通、博大精深的坦荡胸怀，以直面问题、实事求是的责任担当，以勇于改革、主动创造的前瞻作为，在建筑教育、建筑设计、古建筑调查、营造技术研究、文化遗产保护、城市规划、古都北京保护与发展等诸多领域，均有开创性的建树，做出不朽的贡献，成为中国学术史上的一座历史丰碑，永远为后人追思与敬仰。

建筑学术史上的丰碑

一场“文化大革命”，使梁思成先生过早地离开了他所钟爱的事业。1972 年 1 月 12 日下午，梁思成先生追悼会在北京八宝山革命公墓礼堂举行，国务院副总理李先念参加追悼会，郭沫若主持追悼会，张奚若、周培源、华罗庚、钱伟长等诸多知名科学家出席，北京市委书记在悼词中说："梁思成同志在全国解放以后，热爱伟大领袖毛主席，拥护中国共产党，拥护社会主义，努力从事教育事业，对我国的建筑科学做了有益的工作。"梁思成先生追悼会的举行，可以视为对他在"政治上的平反"。

改革开放以后，梁思成先生的冤案进一步得到平反。1978 年，时任清华大学校长刘达传达邓小平同志在听取清华大学情况汇报时说的话，"清华建筑系很有名"，"给梁思成扣反动学术权威的帽子是不对的，应改正过来"。1981 年，时任清华大学党委书记林克批示吴良镛教授负责编选《梁思成文集》，在梁思成先生的学生们协助下，《梁思成文集》第一卷于 1982 年 12 月出版。1982 年 9 月，梁思成著《营造法式注释》（卷上）由中国建筑工业出版社出版。1984 年，美国麻省理工学院出版社出版了梁思成先生完成于中国抗战时期的《图像中国建筑史》。

1986 年 10 月，中国建筑学会、北京土木建筑学会、清华大学建筑系在清华大学联合举办梁思成先生诞辰 85 周年纪念会，他的生前好友及学生们济济一堂。这是一次对梁思成先生缅怀纪念的大会，对在"文化大革命"中所遭到的"学术批判"，以及种种不实之词加以澄清。如果说对于梁思成先生的批判早已在 1972 年的梁思成先生追悼会上得到澄清，在"政治上的平反"，那么此次实现了对于梁思成先生在"学术上的平反"。同时，《梁思成文集》全四卷由中国建筑工业出版社出版，收录了他生前的主要著作。

1987 年，梁思成先生和他所领导的科研集体，由于在"中国建筑历史理论与文物建筑保护"的研究领域中取得突出成就，而被国家科学技术委员会授予国家科研的最高奖——国家自然科学一等奖。这一奖项正是对数十年来梁思成先生在中国古代建筑体系科学阐释方面所做拓荒性、原创性与突破性系列研究的充分肯定。1992 年，中国邮政发行一套 4 枚中国科学家邮票，建筑学家梁思成为其中一枚。1996 年，《梁思成建筑画》《建筑师梁思成》等著作相继出版。1996 年 9 月，清华大学建筑学院（系）成立 50 周年，《梁思成学术思想研究论文集》出版。

2000 年 9 月，为激励我国建筑师的创新精神，繁荣建筑设计创作，提高我国建筑设计水平，经国务院批准，建设部决定以梁思成先生命名，建立永久性奖励基金，设立“梁思成建筑奖”。这一奖项是由中国建筑学会授予建筑师和建筑学者的最高荣誉，以表彰奖励在建筑设计创作中做出重大贡献和成绩的杰出建筑师，也反映出对梁思成先生学术思想和杰出贡献的重视。从 2016 年起，国际建筑师协会接受“梁思成建筑奖”作为该协会的一个奖项。这也进一步证明，国际建筑师协会这一世界最大的国际建筑师学术团体对梁思成建筑思想的高度认可。

正如“梁思成建筑奖”介绍所说：“梁思成先生是中国著名的建筑师、建筑历史学家、建筑教育家，是中国建筑历史研究与中国现代建筑教育体系的开拓者和奠基者。”“他是将西方现代建筑学与城市规划体系引入中国，并试图在当时中国的经济、文化、技术背景下，创立中国建筑学体系的关键性人物，同时也是将中国建筑与艺术成就系统地介绍到西方世界的中国学者。他致力于推动中国与国际建筑界的学术交流，作为中国政府派遣的代表，他参与了联合国总部大厦等重要国际合作设计项目。梁思成的著作与研究成果在 20 世纪中叶以后，成为西方认识中国建筑与艺术的重要桥梁。”

2001 年 4 月 20 日，梁思成先生诞辰一百周年纪念座谈会暨《梁思成全集》首发式在北京人民大会堂举行。吴良镛教授在《梁思成全集》前言中赞誉梁思成先生是古建筑研究的先驱者之一，是中国近代城市规划事业的推动者，是中国历史文物保护的开创者。同时，清华大学建筑学院、中国建筑工业出版社决定整理出版《梁思成全集》第十卷。2001 年 4 月 28 日，清华大学 90 华诞之际，云集海内外众多学者的梁思成先生诞辰一百周年纪念会在清华大学举行。

吴良镛教授在纪念会的讲话中指出:“在完成建筑学伟大的历史任务的过程中，我们尤其要学习前贤爱祖国、爱人民、为人民谋福利、自强不息的精神。我个人认为，爱国和为人民是最基本的。世界全球化，无论怎样，立志为吾土吾民服务，乃是中国建筑师最根本的职责。因此，我们要呼吁发展全社会的建筑学，发展人居环境科学，对此，仍然用梁思成引用过的话说，‘道虽迩，不行不至；事虽小，不谋不成’，学习梁思成的伟大而现实的意义也在于此。”郑孝燮先生在梁思成先生诞辰百年赋辞道:“无字史书寄国魂，春风化雨百年深。体形环境有机论，凝固乐意中而新。”

2006 年是梁思成先生诞辰 105 周年，也是梁思成先生创办的清华大学建筑系成立 60 周年。在中国第一个“文化遗产日”前夕，国家文物局和四川省政府联合举办了“重走梁思成古建之路——四川行”活动。来自建筑界与文物保护界的百余名专家学者参加，活动启动仪式在四川李庄镇中国营造学社旧址举行，随后在四川宜宾、夹江、峨眉山、乐山、新津、梓潼、绵阳、成都等地长途跋涉，而且主办方几乎每天晚上均安排了有意义的学术交流活动。最后在“中国文化遗产永久标志”诞生地金沙遗址圆满地结束了预定的行程。中央电视台全程拍摄了这一活动过程。

“重走梁思成古建之路——四川行”可以说是一次朝圣之旅，虽然考察只涉及梁思成先生当年在西南调查的文物建筑中很少的一部分，但是沿着梁思成先生考察历史建筑走过的足迹，感受前辈献身古建筑事业的赤诚和当年的艰辛，为中国建筑文化的传承所做出的非凡努力及深远影响。特别是中国建筑界和文物保护界同仁，共同举办重走梁思成古建之路活动，加强共识，携手前行，具有格外重要的意义。

就在 2006 年 3 月 29 日，“重走梁思成古建之路——四川行”活动到达李庄镇的当天上午，国务院常务会议审议通过了第六批全国重点文物保护单位，中国营造学社旧址被列入其中。如此，能使这一重要文化遗产能够得到更加精心的保护，也以此告慰以梁思成先生为代表的中国营造学社的各位民族英才。

2006 年夏天，我拜访了林洙女士，她深情地回忆起与梁思成先生共度的时光。林洙女士于 1953 年进入清华大学梁思成先生主持的《中国建筑史》编辑小组工作，并于 1962 年与梁思成先生结婚，陪伴梁思成先生走过了 11 年的艰难岁月。梁思成先生逝世以后，她倾心整理梁思成先生的遗稿，先后参与《梁思成文集》《梁思成建筑画》《梁思成全集》等著作的编辑。林洙女士送给我她所著《梁思成、林徽因与我》一书。她在书的开篇自述中写道：“我与梁公共同生活的年代，大部分在‘文革’时期，那是痛苦与恐怖的十年！”“就在这样的岁岁月月里，我更加理解了梁公，他对事业的执着，对祖国和人民真挚的爱，和他宁愿被打倒在地，被踏上千万只脚，也不愿放弃内心信仰的精神。”“因为梁公代表了中国第一代建筑师对我民族建筑文化的热爱，对祖国建筑事业的关切，他是我们国家在争取独立解放的特定历史时期所造就的杰出知识分子。”

多方位学术成就与学术精神

今天，梁思成先生的学术思想和理论文献，已经成为中华民族的优秀文化遗产，需要世代加以保护、研究和传承。随着时间的推进，人们对于他的成就和贡献还会有更深刻的认识。作为建筑学专业毕业生，几十年来，我工作在城市规划、文化遗产保护和博物馆领域，梁思成先生的学术思想始终给予我专业指引。我也一直希望能有机会对于梁思成先生的相关学术理论，结合本人工作体会进行梳理，以加深理解。为此，分别就建筑教育、建筑设计、古代建筑调查、历史文献研究、文化遗产保护、城市规划、北京历史文化保护等七个方面，进行初步归纳，以期与同仁们分享。

在建筑教育方面，梁思成先生通过创办东北大学和清华大学两个建筑系，开辟了一条重要的建筑教育路径，既培养了大批具有世界眼光和本土情怀的杰出建筑人才，为祖国建设做出卓越的贡献，也形成了以“体形环境论”为核心的建筑教育思想，奠定了中国建筑教育的理念基础和基本教学体系。梁思成先生常说“君子爱人以德”，他以满腔热情，无微不至地关心学生们的全面发展，也因此受到了普遍的爱戴。他就是以这种超越时代的建筑教育视野，以及对学生们尽心竭力的爱，为中国建筑界留下桃李满园。

在建筑设计方面，梁思成先生坚持认为研究中国建筑或设计民族形式的新建筑，必须掌握其“文法”，否则就像研究一种语言而不懂文法，必定写不成文章一样。他一直在探讨“中而新”的建筑思想，努力到生命的最后一刻。“中”是中华民族个性的文化基因遗传，“新”是无限而有序的现代发展。“中”与“新”的有机结合，才具有“和而不同”的建筑文化的现代生命力。他的建筑设计作品说明，只有脚踏在祖国大地上，中国建筑师才能取得更为出色的成果。今天，通过梁思成先生的建筑设计作品，仍然能够感受到他自强不息、勇于开拓、开风气之先的思想境界。

在古建筑调查方面，梁思成先生和中国营造学社同仁们开展历史建筑调研的时期，也是中华民族面临全民抗战最艰苦卓绝的时期。由于长期赴乡村调查，又经历了抗日战争，他们感受到民族遭遇的灾难，目睹了民众的苦难。爱国主义对于他们来说不是一句空洞的口号，而是一种身体力行弘扬民族文化的实践。梁思成先生在极其艰辛的条件下，在西南一隅的战时文化中心李庄，潜心于中国建筑史学和相关的学术研究，用学术研究的成就，捍卫民族尊严，终于实现了“《中国建筑史》要由中国人来写”的夙愿，践行了科学文化救国的崇高历史使命，谱写了一曲苦难与辉煌的爱国主义的赞歌。

在营造技术研究方面，梁思成先生下决心要通过研究中国古建筑，寻找破解宋《营造法式》这本“天书”的密码，解开中国建筑发展之谜。他从《清式营造则例》做起，用现代投影表现方法重新整理、绘制，又深入开展古建筑调查，从蓟县独乐寺观音阁古建筑开始逐步上溯，终于发现唐代佛光寺古建筑，从近代追溯到古代，建筑实例逐步对证文献，最终得以解读“天书”宋《营造法式》。今天，人们对中国古代建筑，从唐宋辽金到元明清建筑的基本体系得以清晰了解，并且能基于这一体系持续开展研究和探索，即得益于梁思成先生通过多年努力拓荒耕耘，书写出中国建筑史的不朽篇章。

在文化遗产保护方面，梁思成先生明确提出“整旧如旧”的主张，认为今天所做的一切维修保护措施，在文物本体面前都应当表现得十分谦虚，只做“配角”，而要努力做到把“主角”更好地衬托出来，绝不应该喧宾夺主，影响文物原有价值。特别是在古代文物建筑的修缮中，最好能做到“有若无，实若需，大智若愚”。同时，梁思成先生主张不仅要保护好文物建筑本体，而且也要保护好它们的环境。对于那些具有重大历史价值的建筑群体，甚至一座古城，也要做整体性的保护。这是梁思成先生根据中国木结构建筑的特点和中国历史文化遗产的特色而提出来的主张，并以此开展一系列文化遗产保护实践。

在城市规划方面，梁思成先生认为面对西方文化的渗入，一个东方古国的城市如果完全丧失其个性，则表示着我们文化的衰落甚至消亡。为了保持中国城市环境的完整性与个性，他在寻访调查中国古代建筑的同时，深入研究中国古代都市营造理论，又吸收国际先进城市规划思想作为借鉴，从建筑和城市物质环境的各个方向进行探讨。他提出了一系列重要的学术观点，包括保持原有城市平面、空间结构和街巷肌理，是保护原有城市秩序和个性的基础；建筑形式的和谐统一，是突出城市环境的完整性和地方性的主要条件；使用富有民族性和地方性的城市设计内容，可以使城市风貌和文化氛围更加丰富浓厚。

在古都北京保护与发展方面，梁思成先生认为北京古都风貌是由丰富多彩的历史建筑所构成，无论是城墙、城楼，还是宫殿、园苑；无论是坛庙、寺塔，还是府第、民居，以及街巷、牌楼、店面，它们是各种建筑类型的代表，也是中国建筑艺术的杰作。如果完整地保护下来，将是一个世界的奇迹。每一座历史建筑，都是过去劳动人民的智慧创造，今天又回到了人民大众手里，因此应格外珍惜，加以妥善保护。更为重要的是，各种类型的历史建筑并非孤立，它们相互配合，前后呼应、高低错落、对称平衡、相辅相成，组织起古都的庄严秩序与和谐环境，形成北京独具特色的整体规划布局。

梁思成先生在众多领域取得的杰出成就，得益于扎实的基础教育和宏阔的学术视野，这是由全面的基础教育、学贯中西的涵养所造就的。他以毕生的精力为中国近现代建筑学术的发展建立了不朽功勋，学术成就广为人知。可以说，从建筑教育到建筑设计，从建筑史研究到古建筑保护，从城市规划到北京建设和古都保护，梁思成先生在各个领域所取得的成就，都表明他是中国建筑和城市规划领域当之无愧的第一奠基人。他一生的学术传奇，深刻地体现出20世纪特定的时代背景下，中国最优秀的知识精英的高尚品德与人文精神。

在梁思成先生的建筑设计生涯中，贯穿始终的是为国家服务的情怀，在纷繁复杂的当代建筑设计领域，这一情怀仍然是中国建筑师应该始终秉持的原则。梁思成先生的卓越贡献一直激励当代建筑师对建筑本质的持之以恒的探索，启示建筑师应当将建筑与传统、文化、国家和民族命运联系起来，才能形成坚定的建筑道路。今天尽管建筑技术在不断进步，但是当代建筑师仍然需要具备认真与严谨的设计作风，继续传承中华文化传统，走出建筑创作的中国道路。

今天，在重读梁思成先生的著作和文章时，不但要看他关于一些问题的具体主张，还要学习他观察和处理问题的思想方法。梁思成先生在他的一生中，始终注意学习新的事物，包括国外的经验，但是他又十分注意与中国的实际相结合。例如在文物建筑保护方面，他一方面坚持保护工作的一般原则，同时又注重联系中国的实际以及民族的审美传统等特点，从而进行全面的思考。正如他认为中国应该创作出具有自己民族风格的新建筑一样，他也希望能够根据中国古建筑的特点，在大量实践的基础上，制定出一套中国特色的文物建筑保护法规和体系。

梁思成先生不仅把城市作为一件庞大的生产工具，更强调城市是文化的综合表现。他认为中国建筑体系是世界各民族数千年文化史中的一个独特的体系，而建筑则是人类一切造型创造中最庞大、最复杂，也是最耐久的一类。所以它所代表的民族文化更显著、更多面，也更重要。然而，文化作为一个系统，它的产生和发展都具有一定的独立性，即在很大程度上依赖于文化自身的积累。特别是东西文化只有相互吸取、相互补充，才能为自身的存在和发展创造新的条件、新的因素。因此，他主张保护传统城市这一文化的集合体，将其作为进一步发展的基础。

通过回顾梁思成先生的科学研究历程，可以感受到他爱国精神的炽热，追求真理的执着。梁思成先生之所以取得了事业上的伟大成就，就在于他一开始就有高远的志向，以时代发展的需求为目标，以推动中国建设事业发展为己任。总结梁思成先生的学术实践，有一条简单清晰的线索，那就是恪守学者本位，以专业精神专心致志地从事自己熟悉且专长的学术研究，充满对中国建筑事业发展的深切情感，以及对社会迈向新时代的满腔热忱。

梁思成先生多方位的成就，应归结于其强烈的爱祖国、爱人民的激情，治学处世积极面向现实。他一生从事多方面的学术活动，是中国建筑教育事业的开拓者、中国优秀建筑设计的实践者、中国建筑史研究的奠基者、中国营造技术研究的先驱者、中国文化遗产的守望者、中国城市规划事业的推动者、北京优秀传统文化的捍卫者。梁思成先生作为一位有良知的中国知识分子，始终关注着社会的发展，在艰辛的学科开创的路上，以赤子之心热爱着自己的祖国，为追求真理不惜赴汤蹈火。

梁思成先生无限热爱祖国传统文化，为我国历史建筑的研究和保护倾注了毕生的心血。今天，他的学术精神依然具有强大的生命力和鼓舞力。面对新的发展形势，我们应当以梁思成先生为标杆，有更高的标准、更宏伟的目标，在缅怀梁思成先生丰功伟绩的同时，继承和发扬他的理论、思想和精神，秉承他的遗志，铭记他的嘱托，积极探索，努力实践，与时俱进、勇于创新，重新认识和确立中国建筑、中国文化在世界的地位，创造性地面向未来，为国家的新征程做出更多的贡献，这是当代中国学者应有的抱负和情怀。

梁思成、林徽因故居

2009 年 7 月，我看到媒体报道梁思成、林徽因故居正在面临被拆除的危险，就与国家文物局和北京市文物局的同仁一起，赶到东城区北总布胡同 24 号。当时看到这座四合院的门房、西厢房已经被拆毁，正房和倒座房还在。可以看出这里原本是一处完整的四合院建筑，但是 20 年前在四合院的庭院内插建了一座三层的住宅小楼，破坏了院落的完整格局，垂花门、东厢房早已被拆除。经了解，此次是为了建设弘通科研大厦项目而实施的拆迁。

现在的北总布胡同 24 号的老门牌，就是当年的北总布胡同 3 号，是梁思成、林徽因故居。这处四合院是梁思成夫妇于 1931 ～ 1937 年的居住地点，他们在这里度过了 6 年人生中难得的安宁时光。在这里居住期间，梁思成先生加入了中国营造学社，开始对中国古建筑进行系统的调查和研究。梁思成先生的第一部破解清代建筑之谜的专著《清式营造则例》也在此期间出版。可以说，这座故居见证了 20 世纪 30 年代中国营造学社的前辈们为救国图存，唤起民族文化自信，探索中国建筑史的不屈精神。

"我从小就以为自己是爱国的，而且是狂热地爱我的祖国。"晚年的梁思成先生曾写下当年居住在这座四合院时的心境，"我看到整个华北必然不免被日寇侵占，而古代木结构建筑在华北存留的比南方较多，所以抓紧时间，每年尽可能多地外出调查，否则日本鬼子来了，这工作就不能做了。"如此责任心和紧迫感，驱使他和林徽因先生一次次从这里出发，寻找中华建筑瑰宝，先后发现、测绘、记录、研究了大量珍贵的中国古建筑，包括赵县的隋代赵州桥、五台山的唐代佛光寺、蓟县的辽代独乐寺、应县的辽代佛宫寺木塔、正定的北宋兴隆寺等，一大批中国建筑史上极其重要的古建筑，完成了卓有成效的古建筑抢救性调查行动。

新华社记者王军积极呼吁保护梁思成、林徽因故居，他向我介绍了有关情况，他说事发之前，北京市规划部门和建设单位均不知道这里是梁思成、林徽因故居，这里没有被列入文物保护单位名单。由于当时北京市文物部门鉴于中央有关文件明确“已故近代名人的故居，除经党中央、国务院批准的以外，一律坚持正确使用，不得专门腾出作纪念馆”的要求存有顾虑，以致没有批准公布名人故居类的文物保护单位。我认为要保护好这处梁思成、林徽因故居，还要澄清对名人故居保护政策的认识，实际上开辟名人纪念馆等纪念设施和保护名人故居是两个概念，属于不同范畴。

于是，2009 年 7 月 27 日，国家文物局明确表态，梁思成、林徽因故居具有重要的历史价值，完全符合《中华人民共和国文物保护法》对文物的界定，应该由北京市文物部门向北京市政府申报公布为文物保护单位，依法严格保护。7 月 28 日，北京市文物局会同北京市规划委员会专题研究了北总布胡同 24 号院的保护问题，责成建设单位调整建设方案，在建设规划上确保院落得以保留。同时表示举一反三，清华大学新林院 8 号梁思成、林徽因故居也将得到保护。

王军认为，梁思成、林徽因故居的保护，已经成为文化遗产保护的标志性事件。“一是这些事件，得到社会各界人士，包括非政府组织、志愿者，通过新闻媒体、互联网等渠道广泛而充实的参与；二是社会各界的呼声，得到政府部门的积极响应，促成了问题的解决，表明公众参与机制正在形成之中。”但是，事件还没有结束。就在国家文物局、北京市文物局、北京市规划委员会、东城区文化委员会等部门三令五申责令保护的情况下，项目开发商公然将已被确定为不可移动文物的梁思成、林徽因故居，以“维修性拆除”的名义夷为平地。

这一事件再经媒体披露，又一次引起轩然大波。2012 年 2 月，新华社播发电稿：“北京市、区文物部门 9 日宣布‘梁林旧居’拆迁罚单：开发单位拆除‘梁林旧居’是破坏古都文物保护的恶劣事件，对古都名城保护和文化之都建设带来极大负面影响。依据文物法规定，拟对其处以 50 万元罚款，并责令其恢复所拆除旧居建筑原状。”这一处罚意见引发社会各界热议：“这样的处罚，能让他畏惧吗？建筑被毁了，恢复的还可能是原状吗？”

最珍贵的财富

2018 年 8 月，我再次来到李庄考察。亲临其境，感慨万千。在李庄的 5 年期间，梁思成、林徽因两位先生在工作和生活上都处于最艰苦的阶段，也是研究成果最多的时期。在十分简陋的条件里，在小油灯下，做出具有世界水平的学术成就，靠的是强烈的历史责任感和学术精神。梁思成先生和中国营造学社的前辈们，在李庄留下的属于一个时代的中国建筑文化和精神，将永远昭示和激励人们为保护和传承中华传统文化而努力奋斗。

梁思成先生热爱祖国，关心社会发展，但是留给后人的文字，更多地集中在他所研究的建筑领域，集中在学术的范畴。他付出毕生的精力所发掘出来的中国古代建筑的文化内涵，使我们能够更为全面和真实地感受中国古代建筑的魅力，成为增强民族文化自信的瑰宝。无论是在炮火纷飞的战争年代，还是在如火如荼的和平建设岁月，梁思成先生以拳拳赤子之心，历经磨难，矢志不渝，开创了研究、保护中国古代建筑和历史文化名城的先河，使许许多多永载人类文化与精神宝库的瑰宝得以劫后新生。

历史不会忘记梁思成先生，随着时间的推移，人们日益认识到他在中国建筑研究、城市规划以及文物保护方面所做出的巨大贡献。他的远见卓识也给后人以警示。对后来人而言，梁思成先生留下的不仅仅是他的研究成果、他的建筑设计、他的著作文章，更重要的是他留下的精神财富，一种百折不挠、不懈奋斗的精神，一种追求真理、尊重科学的精神，一种为所钟爱的事业奉献一切的精神，这是梁思成先生留给我们的最珍贵的财富。因此，在学界与社会层面开展学习梁思成先生的学术思想和精神品格，都具有特殊价值和现实意义。

清华大学始终以梁思成建筑教育思想为宗旨，在坚持清华建筑教育办学理念的基础上，结合不同时代发展的特征，在办学国际化、注重专业实践、职业教育培养模式和专业教育认证等方面又有了开创性的发展。庄惟敏教授认为，“吴良镛的人居环境科学思想、关肇邺的当代文脉主义、李道增的新制宜主义、江亿的绿色建筑可持续发展、秦佑国强调的理工与人文相结合的理念，以及一批清华建筑学人在教学、研究与实践上持续的思考与推进，都可以视为是梁思成建筑思想和建筑教育理念在当代的继承与践行”。

2021年8月23日，清华大学邱勇校长在“栋梁——梁思成诞辰一百二十周年文献展”开幕式上致辞时指出：“大师代表了一所学校的高度，大师风范彰显了一所学校的教育品质。梁思成先生的大师风范体现在他深厚的家国情怀、深刻的教育思想、严谨的治学精神上。作为一所大学，我们为拥有梁思成先生这样的大师而感到骄傲。梁思成先生的大师风范，山高水长，青史流芳。”

梁思成先生并没有离我们很远，他的科学精神已经成为一座丰碑，与祖国文化事业发展共命运，也留下了带有人文温度的印迹，向后人昭示着正确的方向，影响着我们的学习、研究和生活。梁思成先生爱国奉献和追求卓越的精神品格、文化理念和科学精神，鼓舞着一代又一代的后来人，激励人们铭记嘱托，弘扬中华优秀传统文化，让文化遗产绽放出更加绚丽的光彩。如今我国在建筑、城市规划和文化遗产保护领域不断取得的新成就，是对梁思成先生精神最好的纪念，也是对他殷切期盼的最好答卷。

附　录

梁思成年谱简编
（1901~1972）

1901 年

4 月 20 日，出生于日本东京。

1912 年

随父梁启超、母李蕙仙回国。

1915 年

就读于北京清华学校。

1919 年

5 月 4 日，作为清华学校学生“爱国十人团”和“义勇军”的中坚分子，参加五四运动。

1924 年

6 月，与林徽因启程赴美国留学。

7 ~ 8 月，入康奈尔大学修暑期课程。

9 月，就读于宾夕法尼亚大学建筑系。

1927 年

2 月，获宾夕法尼亚大学建筑学学士学位。

6 月，获宾夕法尼亚大学建筑学硕士学位。

9 月，入哈佛大学作艺术史专业研究生。

1928 年

3 月，与林徽因在加拿大渥太华结婚。之后二人赴欧洲旅行考察建筑，8 月归国。

9 月，创办东北大学建筑系，任系主任。

1929 年

6 月，负责设计的王国维先生纪念碑在清华园落成。

8 月 21 日，女梁再冰出生。

是年，成立梁陈童蔡营造事务所，为吉林大学、交通大学锦州分校设计校舍，呼吁保留沈阳钟鼓楼，未获成功。

1930 年

冬，作沈阳北陵调查、测绘工作。

是年，与张锐合作参加“天津特别市物质建设方案”设计竞赛，获首选。

1931 年

6 月，离开东北大学回北平，在北总布胡同 3 号安家。

9 月，正式到中国营造学社工作，任法式部主任。

1932 年

4 月，赴蓟县调查辽代建筑独乐寺。

6 月，赴宝坻县调查广济寺辽代三大士殿。

8 月 4 日，子梁从诫出生。

11 月，与蔡方荫、刘敦桢受故宫博物院委托，提出故宫文渊阁楼面修理计划。

是年，设计仁立地毯公司王府井铺面改造工程，研究改进北平门头沟琉璃厂的生产工艺。

1933 年

4 月，与莫宗江调查河北正定古建筑。

9 月，与刘敦桢、林徽因、莫宗江调查山西大同古建筑；与莫宗江详测应县佛宫寺释迦塔。

11 月，与莫宗江发现隋代赵州桥，鉴定其为世界现存最早之大跨度敞肩拱券石桥。

1934 年

6 月，《清式营造则例》出版。

8 月，与林徽因以及费正清夫妇一同调查山西晋汾地区古建筑。

10 月，与林徽因赴杭州研究六和塔重修计划，调查灵隐寺、宣平县延福寺等古建筑。

是年，开始测评北平故宫；与林徽因合作设计北京大学地质馆。

1935 年

5 月，与林徽因合作设计的北京大学女生宿舍奠基。

9 月，完成《曲阜孔庙之建筑及其修葺计划》。

是年，主持中央博物院及中央图书馆的建筑设计竞赛。

1936 年

5 月，与林徽因、刘敦桢、陈明达等调查龙门石窟。

6 与，与林徽因调查开封古建筑，再赴山东调查古建筑。

10 ~ 11 月，调查山西、陕西古建筑。

1937 年

5 月，与林徽因赴西安拟定小雁塔维修计划，设计西安碑林保护工程；调查西安、耀县古建筑。

6 月，与林徽因、莫宗江等在山西榆次发现宋代建筑永寿寺雨花宫。

7 月 5 日，与林徽因、莫宗江等在山西五台山发现唐代建筑佛光寺东大殿。

8 月，全家离开北平，10 月抵达长沙。

1938 年

1 月，全家抵达昆明。

是年，中国营造学社在昆明恢复工作。

1939 年

9 月，与刘敦桢、莫宗江、陈明达等考察川康古建筑，次年 2 月结束调查。

1940 年

11 月底，中国营造学社随中央研究院历史语言研究所由昆明前往四川李庄。

1941 年

1941 年至 1945 年，完成《营造法式》关于结构技术的大部分图解工作。

1943 年

完成《中国建筑史》稿，初名《中国艺术史　建筑篇》。

1945年

3月，致信清华大学校长梅贻琦，建议创办清华大学建筑系。

5月，编制完成《战区文物保存委员会文物目录》。

8月，在《大公报》发表《市镇的体系秩序》，提出“住者有其房”“一人一床”的社会理想。

1946年

4月，完成英文著作《图像中国建筑史》。

7月，清华大学正式组建建筑工程学系，聘梁思成为系主任。

10月，清华大学校长梅贻琦与中国营造学社社长朱启钤等签订《国立清华大学、中国营造学社合设建筑研究所契约》，梁思成任所长。之后受邀赴美国耶鲁大学讲学。

1947年

2月，受中国政府委派担任联合国大厦设计顾问。

4月，参加普林斯顿大学“远东文化与社会”国际学术研讨会及“人类体形环境规划”学术会议。被授予普林斯顿大学荣誉文学博士学位。

7月，由美国归国。

1948年

3月，当选中央研究院院士。

9月，代梅贻琦校长拟呈教育部函，申请将清华大学建筑工程学系高级课程分为建筑学与市镇计划学两组，将系名改为营建学系。

12月，为人民解放军在地图上标注北平古建筑，以备解放军攻城时保护文物之用。

1949年

3月，主持编制完成《全国重要建筑文物篇目》，以备解放军南下作战时保护文物之用。

1950年

1月，被任命为北京市都市计划委员会副主任。

2月，与陈占祥共同提出《关于中央人民政府行政中心区位置的建议》，建议完整保存北京古城。

5月，在《新建设》杂志发表《关于北京城墙存废问题的讨论》，反对拆除北京城墙。

6月，领导清华大学营建学系设计的国徽图案在全国政协会议通过。

1951年

4月，在《新观察》杂志发表《北京——都市计划的无比杰作》。

1952年

是年，主持人民英雄纪念碑设计工作。

1953 年

8 月，致信有关领导，反对拆除北京东四、西四牌楼。

1954 年

6 月，《建筑学报》创刊，任编辑委员会主任。

1955 年

是年，“对以梁思成为首的复古主义建筑理论的批判”展开。

4 月 1 日，林徽因逝世。

6 月，当选首批中国科学院技术科学部委员（即院士）。

1956 年

3 月，参加“十二年科学远景规划”，建议把整理《营造法式》纳入规划。

1957 年

3 月，领导开启中国近代建筑研究的调研考察工作。

8 月，查看明十三陵祾恩殿被雷击起火情况，建议为古建筑加设避雷针。

1959 年

1 月，加入中国共产党；在人民大会堂方案座谈会上，提出“新而中”的建筑设计观点。

1961 年

9 月，提出整理《营造法式》与中国古代建筑理论的工作计划。

1962 年

1 月，测绘广西容县真武阁。

4 月至 9 月，在《人民日报》陆续发表《拙匠随笔》系列科普文章。

6 月，与林洙结婚。

1963 年

3 月，赴河北考察赵州桥修缮工程，呼吁保护赵县陀罗尼经幢，维修正定开元寺钟楼。

6 月，赴扬州考察鉴真纪念堂建设地址，设计鉴真纪念堂。

1964 年

7 月，撰写完成由刘敦桢、梁思成共同主持编写的《中国建筑史》（六稿）的“绪论”（该书最终采用的是刘敦桢撰写的八稿绪论）。

1966年

3月，完成《营造法式》注释大部分工作。

1968年

11月，住入北京医院。

1969年

12月，得知天安门城楼改造消息，认为“不能拆也不能改变样子”。

1971年

12月，鼓励前来北京医院探望的陈占祥向前看，不能对祖国失去信心。

1972年

1月9日，病逝于北京医院，终年71岁。

（来源：栋梁——梁思成诞辰一百二十周年文献展）